Kerstin Hesslefors Persson

Am Ende der Kraft beginnt ein neuer Weg

Eine Frau erlebt den Burnout

R. BROCKHAUS VERLAG WUPPERTAL

ABCteam-Bücher erscheinen in folgenden Verlagen:

Aussaat Verlag Neukirchen-Vluyn
R. Brockhaus Verlag Wuppertal
Brunnen Verlag Gießen und Basel
Christliches Verlagshaus Stuttgart
Oncken Verlag Wuppertal und Kassel

Die schwedische Originalausgabe erschien
unter dem Titel BRINNA, BLI BRÄND, GLÖDA IGEN
bei Bökforlaget Libris, Örebro, Schweden.
© 2001 Bökforlaget Libris

Deutsch von Regine Wever Andersson

Die zitierten Bibelverse sind der Lutherbibel in der revidierten Fassung
von 1984 entnommen, © 1985 Deutsche Bibelgesellschaft Stuttgart

© 2002 R. Brockhaus Verlag Wuppertal
Umschlaggestaltung: Ursula Stephan, Wetzlar
Umschlagfoto: R. Daly – Gety Images, München
Satz: QuadroMedienService, Bensberg
Druck: Bercker, Kevelaer
ISBN 3-417-11823-9
Bestell-Nr. 111 823

INHALT

Ein Freund von mir hat einmal ein sehr schönes Bild gemalt. Das Motiv ist auf der italienischen Insel Stromboli zu finden. In warmer, freundlicher Umgebung steht ein weißes Haus mit einem Plakat. Darauf ist zu lesen: *Vota No* – Sage nein. Zwei Wörter, die krass von der Wärme und Freundlichkeit des italienischen Ambientes abstechen. Dieser Mut, nein zu sagen, drückt den Kampf ums Leben aus. Zu allen Zeiten haben sich Menschen erhoben und haben nein gesagt, wenn ihre Grenze erreicht war.

Wenn wir an unsere Grenzen kommen, brauchen wir die Kraft, nein zu sagen, Einhalt zu gebieten. Ja zum Leben zu sagen, kann manchmal bedeuten, nein zu sagen. Einem erschöpften Menschen sollte man nicht zureden, weitere Aufgaben auf sich zu nehmen. Vielmehr sollte man ihn darin unterstützen, dass es ganz in Ordnung ist – ja sogar lebensnotwendig sein kann –, nein zu sagen.

Unser Leben wird von äußeren Rahmenlinien begrenzt. Grenzen bieten Geborgenheit. Eine DIN-A4-Seite hat eine Fläche, die beschrieben werden kann. Durch die Seitengröße wird festgelegt, wie viel man schreiben kann. Ein Hefeteig geht so weit auf, wie die Größe der Schüssel zulässt. Das Leben auf der Erde spielt sich zwischen Geburt und Tod ab. Die Grenzbereiche des Lebens sind geheimnisvoll. Sie bilden den Rahmen, in dem sich unser Leben abspielt.

Manchmal kann sich eine vollkommen hoffnungslose Situation in eine neue Richtung öffnen und wir erahnen das Himmlische, das Grenzenlose, das uns einen neuen Weg zeigt. Unser Leben ist eine Gratwanderung zwischen dem, was wir wollen, und dem, was wir können. Manchmal nähern wir uns einer Grenze, manchmal überschreiten wir die Grenzen unseres Vermögens. Manchmal erahnen wir die Möglichkeiten, die in der Beschränkung liegen. Ich glaube, dass wir füreinander da sein *möchten*, dass sich jedoch oft ein Gefühl der Unzulänglichkeit aufdrängt. Manchmal wird der Druck zu groß und zu dauerhaft.

In diesem Buch geht es darum, sich in die Hände anderer zu geben, und darum, wie es ist, wenn die Kräfte versiegen. Ausgebrannt sein – das hört sich so definitiv an, so, als wäre man am Ende, ohne Möglichkeiten. Ich möchte lieber von *Energieverlust* sprechen. Das sagt viel mehr aus, denn es schließt auch die Zeiten im Leben ein, in denen das Gleichgewicht zwischen Geben und Auftanken gestört ist.

Die Texte sind aus eigenen Erfahrungen gewachsen sowie aus der Unterstützung, die ich durch andere bekam. Ich schreibe über das, was ich erlebt habe und was ich gelernt habe, über Erfahrungen und Erkenntnisse, über Gedanken, die zu Einsichten wurden. Die Ereignisse sind zurechtgelegt, geändert, fingiert. Ich erzähle nicht meine Geschichte, nicht mein Leben, sondern meine Geschichte über das Leben im Grenzbereich.

Ich glaube, wir Menschen haben mehr miteinander gemeinsam, als wir oft denken. Jeder Mensch verfügt über Stärken und Schwächen, jedem Menschen bringt das Leben Freuden und Sorgen. Wir können die Freuden und Leiden mit anderen teilen und den Weg zurück ins Leben gemeinsam gehen. Jeder Mensch begegnet irgendwann Schwierigkeiten. Kraft und Vermögen können aus dem Gleichgewicht geraten. Die Grenzen sind nicht immer spürbar und sind manchmal schwer zu akzeptieren.

Ein Auto hält auf dem Parkplatz. Die Tür wird geöffnet und ein Mann hebt das Rad eines Rollstuhls heraus. Gleich kommt ein zweites. Er baut sein Gefährt zusammen und rollt mit der Kraft seiner Arme auf den Eingang des Hauses zu. Man kann sich leicht dazu verleiten lassen, zu sagen: »Der Ärmste – er tut mir so Leid!«

Wir sind oft dazu geneigt einander abzustempeln, aber das Leben lässt sich nicht in Fächer sortieren. Wer ist stark und wer ist schwach? Der Alltag sieht für jeden Menschen anders aus, und es gibt Umstände, die unser Leben entscheidend verändern können. Es geht in diesem Buch nicht darum, uns selbst oder einander zu bemitleiden. Das Leben ist eine Aufgabe, und es ist völlig normal, dass es im Leben Grenzen gibt. Aber es gibt auch Wege und Möglichkeiten. Wir können lernen, unsere Reserven einzuschätzen und die Ressourcen zu nutzen, die uns gegeben sind. Unsere Schwäche kann uns helfen, neue Potenziale zu entfalten.

Kurz gesagt: Es geht in diesem Buch darum, dass am Ende der Kraft ein neuer Weg beginnen kann.

Das geknickte Rohr wird er nicht zerbrechen,
und den glimmenden Docht wird er nicht auslöschen.
(Jesaja 42,3)

Teil 1

Ausgebrannt

Es gibt so vieles, was uns unter den Nägeln brennt,
aber alles schaffen wir nicht.
Wenn sich unser Leben dreht wie ein Karussell,
wenn die Kräfte versiegen,
kann der Wille nichts mehr ausrichten.
Am Ende der Kraft
beginnt ein neuer Weg.

Das Leben dreht sich wie ein Karussell

Der Tropfen, der das Fass zum Überlaufen bringt

An meinem freien Tag erhalte ich einen Anruf. Eine Frage wird mir gestellt, die sich keineswegs an mich richtet, die jeder Beliebige an meinem Arbeitsplatz beantworten könnte, ja, deren Antwort der Anrufer selbst herausfinden könnte. Da spüre ich das Adrenalin in meinen Adern. Nicht, weil ich zu den Unfreundlichen gehöre, sondern weil ich in diesem Moment an meine Grenze stoße. Das Klingeln des Telefons und die Frage setzen meine Stresshormone frei. Ich brauche eine ganze Weile, bis ich mich wieder beruhigt habe und meinen freien Tag genießen kann.

Der Anruf war der Tropfen, der das Fass zum Überlaufen brachte. Der Druck, der das Wasser zum Kochen brachte. Wenn die Anspannung in unserem Leben am größten ist, wenn wir uns gehetzt und gestresst fühlen, sind es letztlich Kleinigkeiten, die uns explodieren lassen. Wenn wir unter starkem Druck stehen, können wir leicht »überkochen«. Je geringer die Motivation, desto kleiner wird der letzte Tropfen sein.

Wenn ich viel zu tun habe, die Arbeit mich aber nicht ausfüllt, werden meine Kräfte schnell verbraucht. Habe ich jedoch viel zu tun und die Arbeit macht mir Spaß, sind die Warnsignale, die die Grenzen meiner Kapazität ankündigen, nicht so leicht wahrzunehmen.

An einem Dienstagnachmittag klingelt es an meiner Tür. »Hallo, ich wollte nur fragen, wie viele von euch am Samstag beim Großputz der Gemeinderäume mithelfen.«

Der Gemeindediakon steht mit dem Notizblock bereit, um aufzuschreiben, mit wie vielen helfenden Händen er rechnen kann und wie viel er zum gemeinsamen Kaffeetrinken bestellen soll. Ich spüre einen unerhörten Druck. Oh, war das diesen Samstag! Das habe ich ganz vergessen. »Moment, ich muss überlegen«, sage ich, um Zeit zu gewinnen.

Wenn ich antworten würde, dass ich den Großputz vergessen habe, würde er den Eindruck bekommen, dass ich unsere gemeinsame Verantwortung nicht ernst nähme. Wenn ich antworte, dass wir nicht kommen können, muss ich einen triftigen Grund angeben. Ich kann unmöglich sagen, was ich in diesem Moment fühle: Ich bin ganz einfach fix und fertig. Am liebsten möchte ich mich hinlegen und den Tränen freien Lauf lassen, weil schon wieder ein Mensch etwas von mir erwartet. Wie soll ich diese Woche überstehen, wenn ich mich noch nicht einmal damit trösten kann, am Samstag ausschlafen zu können?

»Wir kommen mit der ganzen Familie«, höre ich mich mit erstaunlich ruhiger Stimme wie automatisch antworten.

»Schön! Ich schreibe Kaffee für die Erwachsenen und Limonade für die Kinder auf«, sagt der Gemeindediakon freundlich und geht weiter.

Ich mache die Tür zu und lege mich aufs Bett. Soll ich mein Leben lang das Gefühl haben, drei Schritte hinterherzuhinken?, denke ich und kann die Tränen nicht mehr aufhalten.

Fastfood

Ich war bei McDonald's und bin auf dem Weg nach Hause. Auf dem Beifahrersitz liegen ein paar Papiertüten mit Essen und ein Papptablett mit Plastikbechern. Hamburger mit Pommes frites und Coca-Cola, das ist unser Mittagessen. Ich habe keine Zeit zu kochen. Ich selbst esse im Auto. Ich kann ganz gut mit einer Hand lenken, den Plastikbecher halte ich zwischen den Knien. Ich rufe von meinem Handy aus zu Hause an: »Hallo, kannst du zum Parkplatz kommen« und das Essen holen?« »Ja, klar«, antwortet der hungrige Sohn bereitwillig.

Ich fahre auf den Parkplatz und drehe das Fenster hinunter. Er hat seine Schwester mitgenommen und beide stehen bereit, die

Mahlzeit entgegenzunehmen. Ich liefere Papiertüten und Plastikbecher ab.

»Hallo, ihr beiden. Hier kommt das Mittagessen. Hoffentlich schmeckt's. Kommt ihr jetzt klar?«

»Geht in Ordnung. Ich habe einen Riesenhunger«, sagt der Sohn und balanciert die Becher auf dem Papptablett zum Haus.

»Ich bin gegen sieben zu Hause. Dann kann ich euch mit den Hausaufgaben helfen, aber ihr könnt schon mal anfangen. Tschüs, ruft mich an, wenn irgendetwas ist!«, rufe ich ihnen hinterher.

Ich drehe das Fenster hoch und fahre los. Ist es nicht wunderbar, dass sie so groß sind, dass sie allein zu Hause zurechtkommen? Sie lieben Hamburger und der Service an der Haustür gefällt ihnen. Falls es irgendein Problem gibt und sie mich brauchen, wissen sie, wo sie mich erreichen können. Trotzdem schleicht sich das schlechte Gewissen ein. Bin ich eine Rabenmutter, weil ich mir noch nicht einmal Zeit nehme, meinen Kindern Essen zu kochen? Ich versuche mich damit zu beruhigen, dass dies ja nur eine Ausnahme ist.

Ich zerknülle das Papier von meinem Hamburger, drücke es in den leeren Plastikbecher und fahre gleichzeitig weiter. Ich überlege, wie unser wöchentlicher Speiseplan aussieht. Nein, ich denke lieber an etwas anderes.

»Haben denn alle Zeit, Kohlrouladen zuzubereiten, Gulasch zu kochen und Rippchen zu grillen?«, frage ich mich resigniert.

Unter der Woche bleibt kaum Zeit, zu kochen und in Ruhe zu essen. Ich komme leicht in den Trott von Kaffee und Brot, oder noch schlimmer, Kaffee und Schokoriegeln. Mein Stoffwechsel läuft auf Hochtouren. Mein Körper verschlingt, was ich in mich hineinstopfe, und verbrennt es sofort. Aber in meinem ständigen Kampf gegen die Zeit habe ich viel häufiger Appetit auf Süßes, als dass ich richtigen Hunger auf nährstoffreiches, gutes Essen verspüre.

Ich sollte Sport treiben und mich besser um meinen Körper kümmern. Das Gehirn ist ständig in Bewegung, läuft immer auf Hochtouren, aber der Körper bekommt nicht, was er braucht. Zum Spazierengehen reicht die Zeit nicht. Auch für kurze Strecken nehme ich oft das Auto, weil es einfach schneller geht. Joggen wäre nicht schlecht, aber woher soll ich die Zeit nehmen? Beim Essen im Auto kommt das schlechte Gewissen.

Am Wochenende koche ich gern gutes Essen, aber unter der Woche reicht die Zeit einfach nicht dazu. Wie gut, dass es Speisen gibt, die man in der Mikrowelle aufwärmen kann. Ich bin kein Freund von Fastfood. Es schmeckt nicht besonders, aber mittags ist es sehr praktisch für mich und auch für die Kinder, wenn sie allein zu Hause sind. Heute habe ich jedenfalls zu Mittag gegessen. Der Hamburger reicht, bis ich nach Hause komme. Auf das Brot zum Abendessen kann ich dann etwas Frisches legen.

Multitasking

Es ist Nachmittag. Ich bin nach getaner Arbeit zu Hause, will aber gleich noch einmal los, um noch ein paar Stunden zu arbeiten. Ich möchte mich so gern kurz ausruhen. Und den hungrigen Kindern muss ich etwas zu essen kochen.

»Mama, kannst du mir bei den Hausaufgaben helfen?«

»Klar, setz dich an den Küchentisch. Da kann ich dich abhören und gleichzeitig die Fleischbällchen braten«, antworte ich.

Aber meine Gedanken kreisen hauptsächlich darum, was ich für heute Abend noch notieren muss. Ich bin bei der Arbeit nicht ganz fertig geworden. Es kam etwas dazwischen. Ich hatte gehofft, dass ich mit den Vorbereitungen für heute Abend fertig sein würde, bevor ich nach Hause fahre, so dass ich mich ganz auf meine häuslichen Pflichten konzentrieren könnte, ohne an anderes denken zu müssen. Aber daraus wurde nichts. Auch heute nicht.

Es klingelt.

»Mama, für dich.«

»Kannst du noch ein bisschen weiterlesen, dann frage ich dich ab, wenn ich fertig telefoniert habe«, sage ich und reiße ein Stück von der Küchenrolle ab.

Ich wische das Gröbste vom Hackfleisch von meinen Händen, reiße noch ein Stück Papier ab und lege es zwischen meine rechte Hand und den Hörer des schnurlosen Telefons.

»Hallo«, sage ich und höre zu.

»Ist schon in Ordnung, dass du heute nicht kommst. Wir sehen uns dann nächste Woche«, antworte ich und lege den Hörer beiseite. Ich wasche mir die Hände, wische das Telefon ab und mache mich an die letzten Fleischbällchen. Wo war ich doch gleich, als das Telefon klingelte? Ach ja, die Vorbereitung für heute Abend.

»Mama, jetzt habe ich alles noch einmal durchgelesen. Jetzt kann ich es. Kannst du mich abhören?«

Ich höre ab. Ich brate Fleischbällchen. Gleichzeitig versuche ich irgendwie, meine Gedanken zu sammeln. Gleich muss ich weg. Ausruhen kann ich mich heute Abend. Ich habe noch einen kurzen Augenblick Zeit, wenn ich allein im Auto sitze. Da kann ich den Rest vorbereiten, denke ich und mache mich auf den Weg zur Arbeit.

Multitasking, gleichzeitig mit mehreren Bällen zu jonglieren, Verschiedenes auf einmal erledigen zu können, kann von großem Nutzen sein. Multitasking war einst eine meiner Stärken. Ein solches Plus kann aber auch zu einer Belastung werden. Ist man in der Lage, alles Mögliche gleichzeitig zu erledigen, kann man sich mehr und mehr zumuten. Nein zu sagen wird immer schwieriger. Sage ich nicht aktiv und bewusst nein, wehren sich früher oder später Körper und Seele. Je weniger ich auf die Signale achte, desto deutlicher werden sie.

Es gibt so vieles, das mir Freude macht, wofür ich mich begeistern kann, in das ich mich mit Feuereifer stürzen möchte – so habe ich jedenfalls früher empfunden. Jetzt besteht das Leben hauptsächlich aus Pflicht und Arbeit, und fertig werde ich nie.

Grenzen setzen

Mehr zu tun
am Abend
als am Morgen.

Immer wieder
neue Aufgaben,
neue Forderungen.

Ich denke, heute
werde ich erledigen,
was liegen geblieben ist.
Aber ich gehe nach Hause
und habe mehr zu tun
als am Morgen.

Es ist leichter,
ja zu sagen,
als nein zu sagen.
Es geht schneller
und kostet die geringste Kraft.

Die Grenzen werden ausradiert –
zwischen meinen Aufgaben und denen anderer,
zwischen dem Möglichen und dem Unrealistischen,
zwischen Arbeit und Freizeit.

Ich bin müde nach allen Strapazen,
aber am meisten stresst mich,
was noch nicht erledigt ist.

Nicht noch eine Sporttasche

»Mama, wo ist meine Sporttasche?«

Diese Frage kommt immer drei Minuten, nachdem die Kinder eigentlich schon zur Schule unterwegs sein sollten. Wenn sie überhaupt kommt. Meistens bin ich diejenige, die daran denkt, dass heute Sport auf dem Stundenplan steht, während ich gleichzeitig damit beschäftigt bin, mich selber fertig zu machen oder die Kinder zu bedienen, indem ich Lieblingshosen suche, Obst in die Schultaschen packe oder Zettel ausfülle, die der Lehrerin abgegeben werden müssen.

Gereiztheit und Stress erwachen. Ich muss ohnehin schon an so vieles denken. Es darf einfach nichts mehr dazu kommen. Da entwischt mir, was ich nicht sagen wollte, und ich lasse meinen Stress an dem Kind aus, das seine Sportsachen vergessen hat. Ich spüre, dass das nicht richtig ist, und das Gefühl von Unzulänglichkeit ist noch größer, als ich mich schließlich auf den Weg zur Arbeit begebe.

Dort ist es nicht anders. Auch dort werden Sporttaschen gesucht. Noch bevor ich mein Arbeitszimmer erreicht habe und meinen Mantel ablegen kann, nutzt jemand die Gelegenheit, mich etwas zu fragen. Noch bevor ich den Computer angestellt habe und einen Blick auf den Kalender werfen kann, müssen Termine diskutiert werden.

Um elf bin ich zu einem Besuch angemeldet, wo einiges von mir erwartet wird. Ich muss mich in Ruhe vorbereiten können.

»Der Kaffee ist fertig!«, ruft eine enthusiastische Mitarbeiterin. Natürlich muss ich Kaffee trinken. Ich kann die Tür jetzt nicht zumachen. Wenn ich Besuch hätte, wäre es etwas anderes, aber ich sitze ja nur allein da.

»Danke, ich komme«, antworte ich munter.

Ich werfe einen kurzen Blick auf die Uhr und denke, dass ich mich einen Augenblick dazusetzen kann.

Wir sind um den Tisch versammelt und reden über dies und das. Es fällt mir schwer, ganz dabei zu sein. Das, worauf ich mich vorher zu konzentrieren versuchte, geht mir im Kopf herum. Wenn man unter Zeitdruck steht und in Gedanken bei bevorstehenden Aufgaben ist, muss ein Gespräch ungeheuer fesselnd sein, um Interesse zu wecken.

Ich eise mich los, sobald es möglich ist, ohne unhöflich zu erscheinen. Es bleibt mir noch immer eine Stunde, bevor ich an Ort und Stelle sein muss; es ist eine Viertelstunde zu Fuß, aber ich habe ja das Auto. Wenn ich fahre, reicht es, wenn ich mich fünf vor elf auf den Weg mache. Jetzt muss ich mich sammeln und durchdenken, was mich erwartet.

Das Telefon klingelt.

»Hallo! Wie gut, dass ich dich erreiche.«

Noch ein paar solcher Telefonanrufe und es ist bereits fünf vor elf. Ich packe eilig zusammen, was ich brauche, und gehe los. Auf dem Weg nach draußen antworte ich schnell meiner Mitarbeiterin, die hinter mir her zur Tür läuft: »Du, ich habe jetzt keine Zeit. Leg mir einen Zettel hin, oder wir können gegen zwei darüber reden. Da bin ich zurück.«

Ich werde ständig unterbrochen. Das Telefon klingelt oder es kommt jemand herein. Ich wünsche mir, dass ich einmal einen abgeräumten Schreibtisch hinterlassen kann, wenn ich nach Hause gehe, dass ich einmal das Gefühl habe, fertig zu sein. Ich arbeite ununterbrochen, aber es reicht nicht. Für anderes bleibt keine Zeit, im Übrigen auch keine Kraft.

Ich schaue auf. An der Wand hängen neue Fotos, von denen mich meine wunderbaren Kinder anlächeln. Ich habe das Gefühl, dass ich ihnen beinahe nur noch auf Fotografien begegne. Ein schlechtes Gewissen überfällt mich, dass ich so wenig Zeit mit ihnen verbringe. Ich möchte so gern, habe aber einfach keine Kraft, und woher sollte ich auch die Zeit nehmen?

Mein ganzes Leben erschöpft sich in Arbeit. Ich schufte ständig, stehe immer zur Verfügung, eile hin und her zwischen einer Menge angefangener Projekte, habe aber nie die Zeit, sie abzuschließen. Wenn andere nach Hause gehen, arbeite ich weiter. Ich habe die Arbeit ständig im Kopf. Fertig werde ich trotzdem nie.

Ich versuche, nein zu sagen, aber es gibt immer Dinge, zu denen ich nicht nein sagen kann. Wie sollte das denn gehen? Wer sollte das übernehmen? Einer muss es ja tun. Ich presse Termine in meinen übervollen Kalender, um alles unter einen Hut zu bringen.

Ich bin sicher, dass ich präsent bin in dem, was ich tue, aber Zeiten für Nachbearbeitung und ein Überdenken der Ereignisse sind schon seit langem wegrationalisiert. Auch die Vorbereitungszeiten habe ich bereits auf ein Minimum reduziert, um Zeit für alles zu haben, wozu ich ja gesagt habe. Wo soll ich jetzt noch Zeit hernehmen?

Ich liebe meine Arbeit. Ich liebe meine Familie. Aber überall rufen alle: »Mama!«

Ich möchte allen Genüge tun, aber wenn ich ständig »Mama« höre, wird mir alles zu viel. Manchmal überfällt mich sogar ein Unlustgefühl gegenüber Menschen, denen ich eigentlich zugeneigt bin. Das Unbehagen wird geweckt, wenn ich mich unter Druck gesetzt fühle – nicht eigentlich von diesen Menschen, sondern von dem Gefühl, mehr in Anspruch genommen zu werden, als meine Kräfte zulassen.

Oh, wie ich mich danach sehne, dass jeder seine Tasche selber packt, oder die Konsequenzen trägt, wenn sie vergessen wird.

Plötzlich geht mir auf, dass ich nie versucht habe, etwas von meinen Aufgaben an andere abzutreten, weil mir der innere Abstand zu den aktuellen Erfordernissen gefehlt hat.

Gott, lasse nicht zu, dass all die kleinen Dinge
mir meine Kräfte rauben.
Hilf mir, Abstand zu gewinnen
zu meinen täglichen Aufgaben,
damit ich mich nicht im Kleinen verrenne.
Hilf mir, meine Aufgaben ernst zu nehmen,
ohne mich von ihnen vereinnahmen zu lassen.
Hilf mir, loszulassen,
was ich mir vorgenommen habe,
um neue Wege zu entdecken,
die Aufgaben zu bewältigen.
Hilf mir, Überblick zu gewinnen
über meine vielfältigen täglichen Beschäftigungen.

Wollen und können

Zum Dienst gerufen

Mitten in der Nacht.
Das Telefon hat geklingelt.
Ich wurde zum Dienst gerufen.

Ich rüste mich für eine Begegnung.
Ich wurde gebeten zu kommen.

Plötzlich
tragen die Beine nicht.
Ich fühle ein Kribbeln
im ganzen Körper,
doch keine Nervosität.
Ein Zittern der Beine,
wie nach fieberschweren Tagen,
und bin doch gesund.

Ich lege mich aufs Bett
und warte,
dass es vorübergeht.

Wenn die Reserven
verbraucht sind,
geht nichts vorüber.

Ich lasse das Auto stehen,
sage nicht ab.
Mit dem Taxi
fahre ich zum Krankenbett.

Am folgenden Tag denke ich darüber nach, was in der Nacht geschehen ist. Ich begreife nicht, warum mein ganzer Körper von Nervosität erfüllt war, ohne dass ich nervös war. Das war ein merkwürdiges Gefühl. Ich musste mich auf den Weg machen und ich wollte mich auf den Weg machen, aber mein Körper versagte mir den Dienst. Mit dem Verstand konnte ich mir sagen, dass ich es schaffen würde, aber der Körper sagte etwas anderes. Ein Gefühl von Nervosität, aber nicht im Kopf – ich verstehe nicht, was mit mir los war.

Ich wäre nie auf den Gedanken gekommen, nein zu sagen oder jemand anderen zu bitten. Als ich schließlich im Taxi saß, ging alles gut. Das Entscheidende muss die Ausgangslage gewesen sein. Um, aus dem Tiefschlaf gerissen, einer schweren Aufgabe entgegentreten zu können, muss ich mich rüsten. In solchen Augenblicken benötigt man Reserven.

»Es scheint, dass meine Reserven verbraucht sind«, denke ich niedergeschlagen. »Wann soll ich es schaffen, sie wieder aufzufüllen? Wie soll ich das schaffen?«

Allergie

Es ist Nacht und ich werde durch Atembeschwerden geweckt. Rein instinktiv stehe ich auf und gehe zur Haustür. Ich öffne sie und trete in die laue Sommernacht hinaus. Ich atme ein, fülle meine Lungen mit Sauerstoff und atme aus, lange, ruhige Atemzüge. Eine Weile mache ich weiter und merke, dass es mir gleich besser geht. Ich spüre ein Kratzen im Hals und meine Augen tränen, aber das Atmen fällt mir jetzt leichter.

So muss man sich bei einer Allergie fühlen. Seltsam, ich bin doch gar nicht allergisch, denke ich. Viele in meinem Bekanntenkreis klagen über verschiedene Allergiebeschwerden, aber ich war noch nie betroffen. Ich habe noch nie allergisch auf etwas reagiert.

Mein Mann ist davon aufgewacht, dass ich aufgestanden bin und aufräume. Ich erzähle ihm, was geschehen ist, und dass jetzt alles wieder in Ordnung ist.

»Du, wir machen ein Fenster auf«, sagt er, »und dann legen wir uns wieder schlafen.«

Am folgenden Tag putzen wir das Schlafzimmer. Kann es so staubig gewesen sein, dass ich davon Atemnot bekam? Die Vase mit Margeriten verschwindet sicherheitshalber auch gleich. Es heißt, dass man im Schlafzimmer keine Blumen haben soll. In der kommenden Nacht schlafe ich gut.

Aber die Margeriten, die in die Küche gewandert sind, irritieren mich. Stehen sie beim Essen auf dem Tisch, beginne ich bald zu niesen und spüre ein Brennen in den Augen.

Da haben wir den Übeltäter, denke ich. Sicher waren die Blumen die Ursache für meine Atembeschwerden.

Plötzlich fällt mir ein, dass die letzten Male beim Backen die Mandeln gar nicht gut waren. Sie schmeckten wie Bittermandeln. Vielleicht reagiere ich doch allergisch? Und wie war das eigentlich mit den Äpfeln? Ich muss es gleich probieren.

Ich schneide einen grünen, saftigen Apfel in zwei Hälften und entferne das Kerngehäuse. Es ist mir aufgefallen, dass ich manchmal ein seltsames Gefühl im Mund spüre, und ich überlege, ob das nicht gerade beim Apfelessen auftritt. In letzter Zeit waren auch häufiger meine Augen gereizt. Kürzlich bekam ich zu hören: »Schau dich mal im Spiegel an. Deine Augen sind ganz rot. Was hast du nur gemacht?«

Die Reizung hatte ich gespürt, aber dass meine Augen gerötet waren, entdeckte ich erst, als ich in den Badezimmerspiegel schaute.

Jetzt esse ich einen Apfel und beobachte mich genau, denke ich und beiße in die erste Hälfte. Sogleich beginnt es in meinem Mund zu jucken und zu brennen. Es lässt sich nicht besser beschreiben. Ich halte die andere Apfelhälfte eine Weile in der Hand. Schließlich lege ich den Apfel weg und reibe mit der gleichen Hand leicht mein Auge. Sogleich verspüre ich eine Reizung, genau wie es sich vorher manchmal angefühlt hat. Und ich weiß schon, bevor ich in den Spiegel geschaut habe, wie mein Auge aussieht. Ganz richtig, es ist gerötet.

Ich habe nie zuvor eine allergische Reaktion verspürt und

plötzlich reagiere ich allergisch auf Margeriten, Äpfel und Mandeln. Außerdem ist das Rasenmähen im Frühjahr unangenehm. Auch dabei juckt es. Ich beantworte meine Fragen selbst: Die Empfindlichkeit gegenüber gewissen Stoffen muss mit meiner Müdigkeit zusammenhängen. Ich spüre, dass mein Körper aus dem Gleichgewicht geraten ist, und ich bin ganz sicher, dass diese Reaktionen auf meine Erschöpfung zurückzuführen sind.

Im Fernsehsessel stehen

Wann habe ich zuletzt im Fernsehsessel gesessen? Das muss schon ewig her sein, ich kann mich gar nicht daran erinnern. Ich sitze nämlich überhaupt nicht mehr dort. Von dem Augenblick an, da ich aufwache, bis ich abends einschlafe, bin ich ständig beschäftigt, immer auf Trab, gehetzt, im Kampf gegen die Uhr. Die Arbeit läuft ohne Unterbrechung ab, keine Chance, eine Pause zu machen. Auch zu Hause gibt es keine Ruhelage mehr. Essen, waschen, putzen, Hausaufgaben – die Liste ließe sich beliebig fortsetzen, nicht zu vergessen die Vorbereitungen für den nächsten Tag und alles, was liegen geblieben ist. Die ungetane Arbeit stresst mich.

Wenn ich einmal so weit komme, dass ich mich im Wohnzimmer ins Sofa sinken lassen möchte, lässt dieser Ansatz von Entspannung mich an alles denken, was ich noch nicht erledigt habe. Mit einem Kind zusammen das Kinderprogramm anzusehen ist reine Zeitvergeudung. Mit einem guten Kinderprogramm schiebe ich die Arbeit, die über mir schwebt, nur eine weitere halbe Stunde hinaus. Es kommt doch gelegentlich vor, dass ich mich auf dem Sofa niederlasse, um mir eine Sendung anzuschauen, doch auch dann werde ich unterbrochen; das Telefon klingelt oder eines der Kinder ruft »Mama!«. Aber meistens fällt mir immer dann, wenn ich mich vor den Fernseher setze, alles ein, was ich vergessen habe.

Heute beschließe ich, gemeinsam mit der Familie fernzusehen. Die Sendung dauert eine Stunde und gehört zu den wenigen, die sämtliche Altersstufen unserer Familie amüsiert. Wir machen es uns gemütlich. Nach einer halben Minute stelle ich meine

Standardfrage: »Was habe ich denn jetzt schon wieder vergessen?«
Ich beantworte meine Frage selbst: Ich habe nichts vergessen, ich
will mich nur entspannen und es mir gemütlich machen. Es geht
nicht. Ich spüre, wie die Panik in meinem Brustkorb anschwillt.
Das Sitzen stresst mich ungemein, mir wird sogar übel. Ich ver-
mute, das ist ein Warnsignal. Wahrscheinlich will es mir sagen, dass
es an der Zeit ist umzudenken, wenn man beginnt, senkrecht im
Fernsehsessel zu stehen.

Nein, ich habe einfach keine Zeit, über so etwas nachzudenken.
Ich weise derlei Gedanken von mir, stehe auf, gehe in die Küche
und bereite das Abendessen vor.

Sprachlos

Zu packen und rechtzeitig anzukommen gehört jetzt zu meinen
schwierigsten Aufgaben. Ich begreife nicht, wie es dazu kommen
konnte, weiß aber sehr genau, dass es so ist. Multitasking war einst
meine Stärke, ich konnte viele Sachen gleichzeitig erledigen und
das mit Glanz. Diese Zeit scheint der Vergangenheit anzugehören.

Wir wollen ein paar Tage wegfahren und sind mit Packen
beschäftigt. Mein Hirn verwandelt sich von einer sprudelnden
Quelle in zäh fließenden Sirup. Ich kann nicht klar denken. Ich vergesse, was ich in die Tasche gelegt habe und was ich noch hinein-
legen wollte. Auf mein Gedächtnis ist kein Verlass und ich verliere
beim Packen den roten Faden. Ich kann es nur schaffen, wenn es
ganz ruhig um mich herum ist. Also keine dröhnenden Radio-
geräte oder CD-Player. Dann muss ich aufschreiben, was ich mitnehmen möchte. Also Listen schreiben. Und niemand darf mich
unterbrechen, denn sonst vergesse ich, womit ich gerade beschäftigt war. Ich muss in Ruhe gelassen werden.

»Mama, welche Tasche kann ich nehmen?«
»Sind meine Jeans gewaschen?«
»Wie viele Spielsachen darf ich mitnehmen?«
Eine Frage löst die andere ab, Fragen, die zum Packen gehören,
die mich aber jetzt verrückt machen.

Ich verzweifle daran, dass alles so langsam geht. Ich, die ich früher mit links gepackt habe, muss plötzlich alle Kraft aufbringen, um diese Aufgabe zu bewältigen. Ich habe ein Gefühl, als würde mein Gehirn kochen, gleichzeitig denke ich in Zeitlupe.

Ich stehe in der Diele und spreche mit meinem Mann. Vor der Tür liegen jede Menge Schuhe. In unserer Diele liegen immer Schuhe im Weg. Bei einer großen Familie sammelt sich viel an. Ich bitte meinen Mann, mir eines der Schuhpaare zu reichen, das ich einpacken möchte. Gleichzeitig reden wir über etwas anderes in diesem Packchaos.

»Kannst du ...«, sage ich und verstumme.

Ich sehe die Schuhe. Ich denke an sie, ich zeige auf sie, aber das Wort »Schuh« fällt mir nicht ein. Ich kann das Wort einfach nicht über meine Lippen bringen.

»Was meinst du? Deine Tasche? Willst du deine Tasche haben?«, fragt mein Mann.

Ich schüttele den Kopf und mir kommen die Tränen. Ich versuche es noch einmal.

»Nein, aber kannst du mir die ... nein, ich habe das Wort vergessen. Die dunkelblauen dort.«

»Ach so, die Schuhe meinst du. Hier, bitte.«

»Danke, ja, die Schuhe wollte ich haben, ich konnte beim besten Willen das Wort nicht finden«, sage ich.

»Ach komm, das macht doch nichts. Das kann doch jedem passieren«, antwortet er und lächelt.

Mir ist jedoch gar nicht zum Lächeln zumute. Ja, ich habe auch schon mal ein Wort vergessen, mehr als einmal. Aber dieses Mal war das etwas anderes, Kurzschluss im Gehirn.

Adrenalin im Blut

Gott, es braucht so wenig,
dass ich einen
Adrenalinkick bekomme.

Es kribbelt im ganzen Körper,
als wären meine Adern
mit zischendem Sprudelwasser gefüllt.

Die Gedanken verlieren ihre Konturen,
das Gehirn verwandelt sich
in eine zäh fließende Masse.
Ich kann mich nicht konzentrieren.
Das Gedächtnis verflüchtigt sich.
Unmengen von Energie werden verbraucht,
nur damit ich existiere.

Ich sehne mich danach,
die Ruhe wiederzufinden.
Die Ruhe,
die Körper und Seele
sich entspannen lässt,
um Kräfte zu sammeln.

Wo sich Anspannung
in Aktivität und Kreativität
verwandeln lässt.

Und wo Ruhe
wirkliche Ruhe ist,
nicht nur ein zähneknirschendes
»mit halber Kraft voraus«.

Schreckhaft

In letzter Zeit bin ich furchtbar schreckhaft. In mir rumort eine ständige Unruhe. Die kleinsten Kleinigkeiten lösen Stress, Unruhe, Ärger und andere heftige Reaktionen aus.

Ich bin auf dem Weg zur Waschküche.

»Buh!«

Eines der Kinder hat hinter einer Tür auf mich gelauert und amüsiert sich jetzt damit, mich zu erschrecken. Das Spiel hat seinen Zweck erreicht.

»Hilfe! Was machst du denn!«, schreie ich und mir fällt die gesamte Schmutzwäsche aus den Armen.

Ich werde böse, schimpfe und fange schließlich an zu weinen.

»Aber Mama, was ist denn los?«, fragt mein Sohn erstaunt. »Ich wollte dich doch nicht erschrecken. Ja, doch, das schon, aber ich dachte doch nicht, dass du so einen Schrecken bekommen würdest. Es sollte doch nur ein Spaß sein.«

»Ich weiß, dass du das nicht wolltest«, antworte ich mit einem Schluchzen. Das Herz klopft mir immer noch bis zum Hals.

Ich beruhige mich, sammle die verstreute Wäsche ein und gehe zur Waschmaschine. Oh, wie schrecklich! Es ist doch nicht zu glauben, dass solch ein harmloses Spiel mir einen solchen Schrecken einjagen kann und all meine Stresshormone freisetzt. Ich spüre das Adrenalin in den Adern, laufe auf Hochtouren und bin gleichzeitig todmüde – keine gute Kombination.

Blutzuckerabfall zur Weihnachtszeit

»Stille Nacht, Heilige Nacht ...«

Aus allen Lautsprechern in den Geschäften tönt Musik. Die Farbe Rot dominiert die Schaufenster und überall stehen Weihnachtsmänner. In der Luft hängt ein Duft von Glühwein und Lebkuchen.

Ich bin in der Stadt, um Weihnachtsgeschenke einzukaufen. Ja, es ist immer stressig, bis man alle Weihnachtsgeschenke zusammen hat, aber es macht auch Spaß. Es hat schon etwas Besonderes, das Ausdenken, Ideensammeln und heimliche Vorbereiten. Das ist eine Art von Fürsorge, die mir viel Freude macht.

Allein, fantastisch! Ganz allein einkaufen, denke ich und schaue mich im Menschengewimmel um.

Ich gehe ins Musikgeschäft und sehe die CDs durch. Es dauert nicht lange, bis ich gefunden habe, was ich suche. Ich nehme die CD mit zur Schlange an der Kasse. Dort versuche ich abzuzählen, wie viele vor mir stehen, und komme auf zwölf Leute. Schon macht das Einkaufen nicht mehr ganz so viel Spaß.

Ja, ja, so ist es ja jedes Jahr. Eine Woche vor Weihnachten braucht man einfach viel mehr Zeit zum Einkaufen als sonst. Ganz ruhig und abwarten, rede ich mir ein.

Einige Kunden, drei oder vier ganz vorne in der Schlange, sind von dem flinken jungen Mann an der Kasse bedient worden. Er legt Kartons dazu, damit man die Geschenke zu Hause selbst einpacken kann. Also geht es ziemlich schnell voran. Plötzlich schaukelt der Boden unter meinen Füßen. Ich habe in letzter Zeit festgestellt, dass ich nicht gut aufrecht stehen kann. Ich halte mich beharrlich in der Schlange, aber nach höchstens einer Minute geht es nicht mehr. Ich spüre, dass ich in Ohnmacht falle, wenn ich länger stehen bleibe. Ich lege die CD einfach auf einen Tisch und taumele aus dem Geschäft.

Eine Bank, denke ich. Wenn ich mich nicht gleich hinsetzen kann, falle ich einfach um.

Die Menschen um mich herum, die ich zuvor mit weihnachtsfreundlichen Augen betrachtet habe, werden zu einer grauen Masse und ich höre nur noch ein einziges Stimmengewirr. Das Alleinsein, das ich noch vor wenigen Minuten genossen hatte, wird plötzlich zur Drohung. Ich bin ganz allein hier, niemand kennt mich, was ist nur los mit mir?, denke ich.

Ich fange an zu frieren und zu zittern, es braust mir in den Ohren und ich habe Hunger auf etwas Süßes. Oder besser gesagt, ich spüre, dass ich etwas Süßes brauche, denn Appetit habe ich überhaupt nicht, im Gegenteil, mir ist schlecht. In die Schlange am Kiosk kann ich mich nicht stellen, obwohl Coca-Cola jetzt genau das Richtige wäre. Ich stampfe mit den Füßen, um meinem Kreislauf auf die Sprünge zu helfen.

In meiner Tasche entdecke ich ein paar alte Bonbons, die ich bei anderer Gelegenheit eher in den Papierkorb geworfen hätte, die jetzt aber zu einem Schatz und zu meiner Rettung werden. Ich nehme gleich zwei auf einmal, das dritte hebe ich auf. Ich sitze da, den Kopf ein wenig nach vorne gebeugt, und stampfe weiter mit den Füßen. Niemand bemerkt, was mit mir los ist, glaube ich jedenfalls. Und ich selbst möchte niemanden belästigen. Das Ganze ist ein bisschen lächerlich, aber doch unangenehm. Es vergehen einige Minuten, ich kann die Zeit schlecht einschätzen, aber allmählich spüre ich, dass die Beschwerden verschwinden. Ich versuche aufzustehen. Es klappt ausgezeichnet.

Ich stecke das letzte Bonbon in den Mund und gehe zum Auto. Es ist mir klar, dass ich so schnell wie möglich das Auto erreichen muss, um nach Hause zu kommen, bevor die Wirkung der einstweiligen Zuckerzufuhr aufhört und mein Blutzuckerspiegel erneut abfällt.

Ich fahre nach Hause, fühle mich etwas klapprig.

Der Tank ist leer, denke ich. Der Tank in meinem Körper ist leer und ich habe keinen Reservekanister.

Das Leben rotiert

Es dreht sich.
Alles dreht sich.
Ich liege neben
einem der Kinder,
muss eingeschlafen sein.
Ich wache auf
und fahre Karussell.
Mein ganzes Dasein rotiert.

Ich stehe auf.
Ich rufe um Hilfe.

Alles dreht sich nur.
Die Beine tragen nicht.

Panik.
Telefongespräch.
Tröstende Worte.
Fahrt mit dem Krankenwagen.
Notaufnahme.
Warten.

Nichts zu sehen.
Alles in Ordnung.
Fahren Sie nach Hause!
Und es sind
nur zwei Tage
bis Weihnachten.

Ich erinnere mich nicht,
dass von Krankschreiben
die Rede war.

Weihnachtsbrief

Es ist mitten in der Nacht, wir haben mit der Verwandtschaft Weihnachten gefeiert. Es drängt mich, einen Brief zu schreiben. Bevor ich einschlafen kann, muss ich die Einsicht, die allmählich heranreift, formulieren. Ich packe meinen Laptop aus und beginne zu schreiben. Die anderen schlafen ruhig in unserem Gästezimmer. Nur ihre gleichmäßigen Atemzüge sind zu hören. Ich öffne eine neue Datei und lasse die Zeigefinger über die Tastatur gleiten.

Schon dumm, dass ich nur die Zeigefinger tanzen lasse und nicht ordentlich mit allen Fingern schreiben kann, denke ich. Es hat überhaupt nichts mit der Sache zu tun, aber oft, wenn ich anfange zu schreiben, überkommt mich der Gedanke, dass ich lernen möchte »richtig«, mit sämtlichen Fingern, zu schreiben. Dann könnte ich viel schneller und leichter all die Wörter, die aus meinem Inneren hervorquellen, einfangen. Und jetzt bin ich nahe daran zu platzen, so voller Wörter fühle ich mich. Ich weiß nicht, was ich schreiben will, nur, dass ich muss. Auf dem Bildschirm wachsen die Wörter.

Es entsteht ein Brief an meinen Arbeitgeber, in dem ich unter drei Überschriften zusammenfasse, was sich an meiner Arbeitssituation ändern muss. Ich schließe den Brief mit folgenden Zeilen ab: *Jeder Mensch hat das Recht, sich um seine eigene Gesundheit zu kümmern. Im letzten Jahr bin ich nahe daran gewesen, mich vollständig zu verausgaben. Jetzt muss ich nein sagen und einen Teil meiner Aufgaben abgeben, um meine Arbeit bewältigen zu können.*

Ich spüre, wie mir die Tränen, die mir jetzt schnell und häufig kommen, über die Wangen laufen. Ich lese noch einmal durch, was ich geschrieben habe. Zweifel kommen auf. Es ist so unangenehm, dass es ist, wie es ist. Und so gut, dass ich begriffen habe, wie es ist.

Man soll Briefe nicht im Affekt schreiben, denke ich, schalte den Computer aus und krieche in mein Bett. Jetzt kann ich zur Ruhe kommen und einschlafen.

In meinem Inneren ahne ich, dass ich diesen Brief niemals abschicken werde.

Gott, ich habe keine Kraft.
Ich will, aber ich schaffe es nicht mehr, nicht jetzt.
Nicht zu wagen, nicht zu schaffen, was einst meine Freude war,
ist ungewohnt und bedrückend.
Ergeben warte ich
und öffne mich dem Neuen,
so weit ich mich traue.

Untauglich

Ich bin untauglich

Ich fühle, dass ich nicht genüge, finde, dass es so viele kritische Menschen um mich herum gibt. Alle ermunternden Worte, jeglicher guter Wille, alle Hilfe ertrinkt in lähmender Unzulänglichkeit. Je mehr ich tue, desto weniger schaffe ich. Je mehr ich leiste, desto untauglicher fühle ich mich. Es spielt keine Rolle, wie es um mich herum aussieht. Ich genüge einfach nicht.

Es ist möglich, dass ich in meiner Arbeit mehr Bestätigung erhalte, als es anderen vergönnt ist. Ich begegne häufig dankbaren Menschen, die zum Ausdruck bringen, dass das, was ich tue, von Bedeutung ist. Trotzdem erfüllt mich ein grundsätzliches Gefühl, nicht zu genügen.

Ich spreche mit einer guten Freundin darüber.

»Dagegen kann man etwas tun. Man muss sich Hilfe holen. Du musst zu einem Arzt gehen«, sagt sie klug und fürsorglich.

»Was kann ein Arzt gegen meine Gefühle von Unzulänglichkeit ausrichten?« Ich will verstehen, begreife aber nicht.

Wie in aller Welt verschafft man sich mit solchen Symptomen einen Arzttermin?

»Guten Tag, hätten Sie noch einen Termin frei? Ich bin untauglich. Können Sie etwas dagegen tun?«

Ich schaffe es nicht, anzurufen. Was soll ich denn am Telefon sagen? Und wenn ich es dennoch schaffen sollte, anzurufen, wie soll ich es aushalten, im Wartezimmer zu sitzen? Dort trifft man immer Bekannte. Was soll ich denen sagen?

»Ja, verstehen Sie, ich bin hier, weil meine Fähigkeiten verbraucht sind. Ich gehe zum Arzt, weil ich zu nichts mehr tauge.«

Jeder begreift, dass man so nicht antworten kann. Und wenn ich es nun trotz allem schaffen würde, sowohl anzurufen, als auch mich ins Wartezimmer zu setzen, dann würde ich im Boden versinken, wenn der Arzt mich fragt: »Na, wie geht's Ihnen?«

Ich bin nicht deprimiert. Ich fühle mich wohl bei meiner Arbeit, ich bin glücklich mit meiner Familie, kurz, ich liebe das Leben. Trotzdem scheint es, als wären alle Farben verblasst, als würden die Vögel nicht mehr singen, als wäre die Quelle dabei zu versiegen. Ich kann meine Gefühle nur mit diesen Worten beschreiben: Ich bin untauglich. Aber wie soll ich den Mut aufbringen, das einem Arzt zu erklären, und was könnte er oder sie dagegen tun?

Aber meine Freundin ist eine gute Freundin. Und weise. Ihre Worte sind mir ein Warnsignal und ein Anstoß. Ich kann nicht begreifen, dass ein Arzt etwas gegen mein Gefühl von Unzulänglichkeit tun kann, aber wenn mich meine Freundin auffordert, zum Arzt zu gehen, glaube ich zumindest ihren Worten. Als Erstes schreibe ich einen Brief, das ist nicht so persönlich: *Sehr geehrter Herr Doktor Sowieso. Ich glaube, dass ich mich auf dem Weg in eine Depression befinde. Ich weine oft, werde von Panik ergriffen, bin müde und teilnahmslos.*

Ich unterbreche mich und lese durch, was ich gerade geschrieben habe.

Das ist ja nicht gescheit, denke ich. So einen Brief kann man doch nicht über sich selbst schreiben. Kein Arzt auf der ganzen Welt kann akzeptieren, dass ein Patient eine solche Diagnose mit der Post schickt. Soll die Therapie dann »postwendend« erfolgen?

Die Wörter auf dem Papier brennen in mir. Bin ich diejenige, die das geschrieben hat? Beschreibt das meinen Zustand? Ich verstecke den Entwurf in meinem Computer. Morgen früh werde ich all meinen Mut zusammennehmen und mir einen Termin besorgen.

Meiner guten Freundin gelingt es schließlich, mich dazu zu bringen, Hilfe zu suchen. Es muss etwas geschehen, wenn der Regenbogen schwarzweiß geworden ist. Ich will die Farben wiederfinden, das will ich wirklich. Ich werde zwei Wochen krankgeschrieben, weil ich einfach keine Kraft mehr habe. Jetzt werde ich mich so viel ausruhen, wie ich nur kann.

Die zwei Wochen zu Hause verstreichen schnell. Ich werde nicht munterer, eher müder, aber nach vierzehn Tagen kann ich einfach nicht mehr länger von der Arbeit wegbleiben. Außerdem denke ich ja ohnehin die ganze Zeit daran, wie es dort wohl geht. Man braucht mich dort, damit der Laden läuft.

Ich bin wieder bei der Arbeit und versuche es erneut, aber ich fühle mich durchsichtig und zerbrechlich. Wie kann ich zu Kräften kommen? Wenn ein freier Tag oder ein freies Wochenende nicht ausreichen, wenn ein Monat Urlaub nicht genügt, wenn es noch nicht einmal reicht, sich ein paar Wochen krankschreiben zu lassen, was bleibt dann noch, das mir Erholung bringen kann?

Tränenreicher Morgen

Ich erwache – ein neuer Tag hat begonnen. Ich fühle mich nicht in der Lage, das Bett zu verlassen. Wie soll die Erholung der Nacht für den ganzen Tag reichen? Wenn ich schnell aufstehe, frühstücke und meine Reserven auffülle, schaffe ich es vielleicht.

Wie eine schwangere, von Übelkeit geplagte Frau benehme ich mich. Ganz schnell stehe ich auf und stopfe mir ein paar Bissen in den Mund, um der Übelkeit zuvorzukommen. Aber es ist kein Übelsein im Sinne von akutem Brechreiz. Es ist eher ein diffuses Gefühl der Übelkeit im Körper und in der Seele. Ich fühle mich matt und traurig.

Heute bin ich vom Bett bis in die Küche gekommen, aber nach dem dritten Bissen geht es nicht mehr. Mir kommen die Tränen, sie laufen mir die Wangen herunter.

»Was ist denn los?«

»Ich weiß nicht«, schluchze ich. »Ich bin einfach so müde und verzweifelt. Allein der Gedanke an einen neuen Tag überfordert mich. Ich schaffe überhaupt nichts mehr.«

»Hier, iss erst einmal dein Brot auf. Ich hole dir heißen Kaffee«, sagt er fürsorglich und nimmt mich in den Arm. Ich schluchze an seiner Schulter.

Ich habe keinen Hunger. Sollte ich doch haben, nach einer ganzen Nacht ohne Essen, aber ich habe einfach keinen Appetit. Seine Fürsorge bringt mich dazu, trotzdem ein wenig zu essen. Alles geht langsam. Wie habe ich es jemals geschafft, morgens in größter Eile das Haus zu verlassen, denke ich. Nach einer Stunde am Frühstückstisch, schwankend zwischen Tränen und Trost, fühle ich mich etwas besser. So werde ich versuchen, noch einen Tag durchzuhalten.

Nur meine Schuld

Es ist alles nur meine Schuld, sage ich mir manchmal.

Ich schaffe nicht, was ich mir vorgenommen habe. Ich glaube nicht einmal, dass ich noch etwas will. Ein Dunst von Pflichten und Forderungen liegt über meinem Dasein. Ich, die ich immer sage, dass ich das Leben liebe, ich, die ich so an meiner Familie und meinen Freunden hänge, ich, die ich ganz in meiner Arbeit aufgehe – ich habe jeglichen Enthusiasmus verloren. Enthusiasmus, dieses herrliche Wort, das rein sprachlich *Gottbegeisterung* bedeutet, hat für mich seinen Wert verloren. Freude und Lust am Leben, die immer meine Quelle waren, sind dabei auszutrocknen.

Wüste

Das Leben in mir ist kein Leben mehr.
Jegliche Inspiration ist verloren.
Alles nur unendliche Leere.
Ich weiß nicht einmal, ob ich Durst verspüre.
Alles ist nur trocken.

Gott, lass mich dich erahnen,
auch wenn ich dich nicht zu sehen vermag.
Lass mich dich wahrnehmen,
auch wenn mein Gefühl verwelkt ist.
Lass mich zu dir finden
wie zu einer Quelle,
auch wenn ich nicht mehr dürste.

Meine Quelle ist versiegt. Ich leide an Energieverlust und frage mich, warum. Ich habe zwei Beine, auf die ich mich stellen kann. Das eine bin ich selbst, das andere ist mein Arbeitgeber. In dem einen Moment sage ich:

»Es ist nur meine Schuld, dass es so gekommen ist.«

Im nächsten Moment stehe ich auf dem anderen Bein und sage:

»Es liegt nur an meinem Arbeitgeber und an der Arbeit, dass es so ist, wie es ist.«

Wenn ich mich in meinem Elend am stärksten fühle, stehe ich auf dem Arbeitgeberbein. Es liegt nicht an mir, dass ich meine Arbeit nicht mehr bewältige. Habe ich es nicht jahrelang geschafft? Ich war fähig und kompetent. Aber die Aufgaben haben ständig zugenommen, teils in Form von neuen Aufträgen, teils, weil ich zusätzliche Arbeit auf mich genommen habe. Es war erfüllend und wichtig. Unter meinen Vorgesetzten hätte jemand meine Entwicklung sehen müssen, hätte sehen müssen, wie die Quelle meiner Kraft und meiner Freude versiegte, hätte sehen müssen, dass meine Aufgaben und meine Kapazität aus dem Gleichgewicht geraten waren, dass ich an eine Grenze gekommen war – jemand hätte stopp sagen und mir auf den richtigen Weg zurückhelfen müssen.

Wenn ich auf diesem Bein stehe, kann ich meine Stimme erheben und sagen:

»Das Burnout-Syndrom ist auf die Situation am Arbeitsplatz zurückzuführen. Wer an einer Erschöpfungsdepression leidet, um einen anderen Ausdruck zu verwenden, ist bei der Arbeit zu großem Druck ausgesetzt, hat sich mit zu hoher Arbeitsbelastung abgefunden und hat nicht die Unterstützung erhalten, die für derartige Leistungen erforderlich ist.«

Aber meistens hinke ich auf dem anderen Bein. Je müder ich bin, desto eher stehe ich auf »meinem eigenen Bein«. Und müde bin ich. Dann sage ich mir leise:

»Es ist meine Schuld, allein meine Schuld. Ich bin vollkommen wertlos. Warum habe ich nicht rechtzeitig Einhalt geboten? Warum habe ich die Grenzen meiner Leistungsfähigkeit nicht einschätzen können? Warum sind Anspannung und Erholung aus dem Gleichgewicht geraten? Dabei bin ich immer so präsent gewesen, habe immer Freude an der Arbeit gehabt und habe immer so viel Bestätigung erhalten.

Nachdem ich festgestellt habe, dass ich diejenige bin, die meinen Zustand verursacht hat, kommen mir nur Fragen nach dem Warum. Ich bin mir selbst gegenüber nicht nachsichtig. Die Warum-Fragen erfüllen keine Funktion. Sie verursachen nur Schmerzen. Ein »Warum« fordert ein rationales »Darum«, aber ich finde keine rationalen Antworten, wenn ich von meiner eigenen Unzulänglichkeit ausgehe. Gefühlen kann man nicht mit rationalen Fragen beikommen. Dieses ständige »Warum« erhöht nur meinen Berg von Schuldgefühlen.

Um wieder heil zu werden, muss ich zweibeinig werden, nicht auf einem Bein hinken. Ich stelle mich auf das eine Bein und sage:

»Wenn ich mich nicht mit Übereifer auf meine Aufgaben gestürzt hätte, dann hätte ich mich nicht verausgabt. Es geht um mich selbst, aber ich kann etwas Konstruktives daraus machen. Im Grunde bin ich leistungswillig und engagiert.«

Dann stelle ich mich auf das andere Bein und versuche die Sache von diesem Standpunkt aus zu formulieren:

»Hätte mein Arbeitgeber nicht meine Erschöpfung ignoriert, wären meine Kräfte jetzt nicht aufgebraucht. Es ist die Verantwortung des Arbeitgebers, den Mitarbeitern gegenüber aufmerksam zu sein, ihnen nicht zu große Belastungen aufzubürden und Mittel zu finden, um zu erkennen, wie es ihnen geht.«

Wenn an einem Arbeitsplatz finanzielle Einschränkungen erforderlich sind, die Geschäftsbereiche aber erhalten werden sollen, oder wenn ein Arbeitgeber neue Projekte starten will, ohne einen Teil der bisherigen vorher abzuschließen, müssen die Ressourcen irgendwoher genommen werden. Die einzelnen Mitarbeiter können dabei stark unter Druck geraten. In einer Entwicklungsphase, in der noch alles neu und spannend ist, kann man sich leicht Scheuklappen aufsetzen.

Bei den Jahresgesprächen – den jährlich anberaumten Treffen zwischen dem Vorgesetzten und den einzelnen Angestellten, die eine ausgezeichnete Gelegenheit bieten, Erfahrungen und Gedanken auszutauschen – sollte es einen Tagesordnungspunkt geben, der darauf abzielt, Erschöpfungszuständen vorzubeugen. Man kann Fragen stellen, die den Zustand im Grenzbereich einkreisen. Und es ist möglich, die Antworten als Signal zu deuten, dass etwas getan werden muss.

Ich will auf zwei Beinen stehen, meinen eigenen Anteil sehen, aber nicht die ganze Schuld auf mich nehmen. Eine schwangere Frau trägt ihr noch ungeborenes Kind vor sich im Bauch. Ich trage meine unausgereiften Lasten auf dem Rücken. Ich wünsche mir nichts mehr, als gesund zu werden und zu meinen Quellen zurückzufinden.

Aber was kann ich jetzt tun? Ich habe nicht die Kraft, tüchtig zu sein und ein weiteres Problem anzugehen, insbesondere, wenn es dabei um mich selbst geht. So viele rufen und so vieles ist zu erledigen. Und an wen könnte ich mich wenden? An meinen Chef, der schon genug zu tun hat? An meine Arbeitskollegen, denen ich eine Stütze sein soll? Die können sich doch nicht um mich kümmern! Einen Arzt? Das habe ich bereits versucht und die Krankschreibung hat auch nichts geholfen.

Mit meinen Freunden und meiner Familie kann ich reden. Das ist gut, aber ich glaube, dass reden allein jetzt nicht mehr hilft. Ich habe begriffen, dass sich etwas ändern muss, aber wie soll das vonstatten gehen? Ich sehe keinen Ausweg, fühle mich nur vollkommen untauglich.

Gott, ich bin so müde, dass ich weder etwas leisten
noch mich ausruhen kann.
Ich bin vollkommen ausgelaugt. Bitte gib mir neue Kräfte,
so dass Farben und Freuden wiederkehren.

Wenn der Alp kommt

Unruhe

Die Unruhe drängt sich auf,
ohne Umschweife,
wartet nicht am Eingang.

Unruhe lässt sich nicht umdeuten.
Kann nur schwerlich mit anderen Augen gesehen werden,
trotz der »Ruhe« im Wort.

Unruhe
Ruhe

Gott, der du
mitten in meiner Unruhe bist,
gib mir deinen Frieden und deine Ruhe.

Wenn der Alp kommt

Früher konnte ich nicht zwischen Angst und Unruhe unterscheiden. Unruhig bin ich oft gewesen. Erst jetzt weiß ich, was Angst ist.

Ich kann nicht schlafen. Ich bin so angespannt an Körper und Seele, dass an Einschlafen nicht zu denken ist. Ich gehe spät zu Bett. Mein Mann ist verreist und die Kinder haben sich schon vor einer ganzen Weile schlafen gelegt. Die letzte Stunde vor dem Zu-Bett-Gehen habe ich hier und da herumgestöbert. Es gibt immer angefangene Projekte und unabgeschlossene Aufgaben, mit denen man sich beschäftigen kann. Aber jetzt habe ich beschlossen, dass es für heute genug ist.

Als ich schließlich in meinem Bett liege, merke ich, dass sich der Schlaf nicht einfinden will. Ein beunruhigendes Schwelen beginnt in meinem Körper.

Nicht auszuhalten, denke ich und stehe wieder auf. Solange ich vollauf beschäftigt bin, geht es, sobald ich mich auszuruhen versuche, lauert die Hölle hinter der Tür.

Es wird immer schlimmer. Mein ganzes Dasein bricht in sich zusammen. Ich habe keine Kraft, mich auf den Beinen zu halten, und ich kann nicht schlafen. Das Atmen fällt mir schwer. Die Gedanken, die durch meinen von Panik ergriffenen Körper fahren, sind dunkle Gedanken. Meine eigenen Gedanken erschrecken mich und ich kann nicht abstellen, was sich da in mir dreht.

Der Alp nimmt mich in Besitz, von den Zehen bis zu den Haarspitzen. Von der Haut bis tief ins Herz hinein. Auf dem ganzen Weg. Überall hat der Alp den Befehl übernommen und regiert in meinem Körper. Ist das nicht furchtbar? Ich brauche Hilfe. Mein Mann ist in irgendeinem Hotel, ich weiß nicht genau, wo. Im Allgemeinen brauche ich das nicht zu wissen, er hat ja sein Handy dabei. Ich rufe ihn an. Keine Antwort. Zur Nachtruhe ausgeschaltet.

Ich gehe in Gedanken meine Freunde durch:

»Hallo! Ich habe panische Angst. Kannst du kommen?«

Ich übe den Satz ein. Wem kann ich das sagen? Keinem.

Mitten in meinem Chaos fällt mir niemand ein, den ich anrufen könnte. Mama und Papa – kann ich, ein erwachsener Mensch, mitten in der Nacht meine Eltern anrufen? Ja, das kann ich.

Sie halten meinen Ausbruch aus. Wie gut es tut, mit jemandem reden zu können, sich bei jemandem ausweinen zu können. Ich brauche kein dummes Gefühl zu haben, auch wenn ich mitten in der Nacht anrufe. Wir beenden das Gespräch.

Einen kurzen Augenblick bin ich ruhig, aber sobald ich allein bin, greift der Alp wieder nach mir. Ich rufe wieder an, wir reden, oder besser gesagt, ich rede und sie hören abwechselnd zu. Wir legen auf, die Panik ergreift mich und ich rufe wieder an. So geht es weiter. Schließlich wollen sie alles stehen und liegen lassen, um zu kommen. Mitten in der Nacht versprechen sie zu kommen, um mit ihrer Gegenwart meinen von Angst geschüttelten Körper zu beruhigen.

Aber ich schaffe es nicht, allein zu bleiben, bis die Rettung kommt.

Ich sterbe, wenn ich auch nur eine Sekunde allein aushalten muss, denke ich.

Da steht meine Tochter in der Tür. Übermorgen hat sie Geburtstag. Sie ist von meinen Telefongesprächen aufgewacht. Jetzt schämt sie sich, weil sie zugehört hat, und hat Angst vor dem, was geschieht. Ein Wirrwarr von Gefühlen durchfährt sie und mich. Ich fürchte, dass sie es nicht aushält, mich so zu sehen, aber ich bin auch froh, dass sie da ist.

»Ich fühle mich ganz furchtbar, aber du kannst nichts daran ändern«, sage ich.

Freiwillig würde ich ihr nie Einblick in diese Hölle gewähren, aber jetzt ist sie da. Ich muss mich in dem Zustand zeigen dürfen, in dem ich mich befinde, ich kann ihr nichts vormachen. Aber mir ist gleichzeitig klar, dass sie spüren muss, dass ich sie nicht im Stich lasse, damit sie ertragen kann, mich so zu sehen. Es gibt nur einen Weg für mich und das ist, ehrlich zu sein. Ich erzähle, wie ich mich fühle und was geschehen ist. Und wir halten uns in den Armen, so weit man jemanden in den Armen halten kann, der panische Angst hat. Auch das muss ich ihr erklären.

»Die Angst macht, dass mir das Atmen schwer fällt, und wenn du mich umarmst, wird mir das Atmen noch schwerer, aber gleichzeitig tut deine Berührung gut. Dann fühle ich mich nicht so allein«, versuche ich zu erklären.

Sie ist klug und einfühlsam und steht mir zur Seite, so wie ich es brauche. Ich, die ich Mutter bin, werde ganz klein und sie, die das Kind ist, wird so groß. Wir schlafen Seite an Seite ein.

Nach einem kurzen Schlummer wache ich auf und verlasse das Bett, in dem meine Kleine ruhig schläft. Ich warte auf die Rettung.

Allmählich weicht die Dunkelheit dem Licht der Dämmerung. Endlich kommen meine Eltern, heißer ersehnt als je zuvor. Die Scham, sie mitten in der Nacht hierher geholt zu haben, mischt sich mit der Dankbarkeit, dass sie gekommen sind. Erst jetzt lässt die Panik nach. Erst jetzt kann ich einschlafen.

Ich schlafe morgens etwas länger, aber dann stehe ich auf und gehe zur Arbeit, als wäre nichts geschehen.

Meine Angstjacke

Meine Angstjacke
ist aus Wolle gestrickt.

Sie ist viel zu groß,
hat viel zu viel Platz,
wenn der Alp kommt.

Wenn die einzige Berührung,
die ich aushalte
ohne zu ersticken,
der Umfang meiner Jacke ist,
dann ist es gut, dass sie da ist.
Sie wärmt das Ängstliche.

Ich mag ihr Muster,
weiß, blau und rot.
Von außen sieht man nicht
das Chaos in ihr drin.

Rotes Licht

Für heute bin ich fertig mit der Arbeit. So könnte man sagen. Ich bin schon um drei nach Hause gegangen, besser gesagt, ich bin losgehetzt, um meinen Jüngsten vom Kindergarten abzuholen, um zu den hungrigen Schulkindern nach Hause zu eilen. Das ist der Zeitpunkt, wo meine Zweitarbeit beginnt, das Unternehmen Familie zu führen. Heute ist das Hockeytraining für den Jungen an der Reihe. Ich bin so müde, dass es eine reine Plage ist, sich ins Auto zu setzen und loszufahren. Es sind nur jeweils zehn Kilometer, aber die Strecke erscheint mir unüberwindbar.

In der Regel habe ich um diese Zeit weder Hunger, noch bin ich satt. Das ist auch heute nicht anders. Ein paar Happen zwischendurch anstelle eines richtigen Mittagessens haben den schlimmsten Hunger vertrieben. Der Stress trägt dazu bei, dass sich der richtige Hunger nicht einfinden will, aber Süßes ist immer gut. Das kann man schnell essen und die Wirkung spürt man direkt, jedenfalls für einen Moment. Ich nehme eine Tüte Süßigkeiten mit. Das muss reichen und wir machen uns auf den Weg.

Die Ampel wird rot. Wer mag schon rote Ampeln, denke ich und spüre, wie der Stress in mir zunimmt. Aber jetzt passiert noch etwas anderes mit mir. Dort im roten Schein der Ampel macht sich die Panik bemerkbar. Es ist nicht der Stress, dass wir zu spät kommen, sondern der Stress, anhalten zu müssen. Die Minuten und Sekunden, die das Licht Einhalt gebietet, halte ich nicht aus.

Ich sage nichts, ich tue nichts, ich fühle mich nur ganz furchtbar, stehe voller Erstaunen an der Ampel und betrachte mich selbst, wie von außen.

Ist es so schlimm?, denke ich und fahre weiter.

»Mama, warum antwortest du nicht, wenn ich mit dir rede?«, fragt mein Sohn.

»Was? Hast du etwas gesagt?«, antworte ich und kann mich beim besten Willen nicht daran erinnern, was er gesagt hat.

»Ich habe gefragt, ob du mich abholst, wenn ich fertig bin.«

»Nein, ich rufe Papa an und frage, ob er dich auf dem Heimweg von der Arbeit mitnehmen kann«, antworte ich und denke, dass es doch lebensgefährlich ist, in diesem Zustand Auto zu fahren.

Ich höre nicht, was er sagt, ich erinnere mich nicht daran, was er gesagt hat, mir fallen nicht die Worte ein, um zu antworten. Ich habe ein Gefühl, als würde mein Gehirn kochen. Ich werde heute nicht mehr Auto fahren. Hoffentlich erreiche ich meinen Mann und hoffentlich hat er Zeit, am Hockeystadion vorbeizufahren. Ich kann jetzt nicht darüber nachdenken. Es sind noch anderthalb Stunden, bis das Training zu Ende ist. Das kann ich später lösen. Jetzt schaffe ich es einfach nicht, auch das noch zu regeln.

Der Junge steigt mit der Sporttasche über der Schulter aus und ich fahre mit dem Jüngsten, der mich eifrig vom Rücksitz aus unterhält, nach Hause. Die Vorstellung, die ganze Strecke am Stück nach Hause zu fahren, ist mir unerträglich. Meine Rettung ist eine Bushaltestelle, wo ich verschnaufe und meinen Blutzuckerspiegel mit den Süßigkeiten aufrechterhalte.

Retter in der Not

Ich wache auf, taumele schlaftrunken ins Badezimmer. In der Dusche erwacht der Alp. Der Kopf sagt:

»Du schaffst das! Es dauert ja nur ein paar Stunden. Danach kannst du dich ausruhen. Du hast das schon tausend Mal gemacht. Kein Problem!«

Aber der Körper und die Seele rufen unablässig:

»Nein! Hilfe! Nie wieder!«

Mein Blick ist auf schmal gestellt, wie in einem Tunnel. Sichtbar bleibt nur noch, was ich nicht mehr schaffe. Wie ein unüberwindlicher Berg häufen sich die Aufgaben vor mir. Gott, wie einsam ich bin!

Das warme Wasser fließt an meinem nackten Körper hinab und spendet für einen kurzen Moment Trost. Die Panik ergreift mich aufs Neue. Ich weine und zittere. Dann ziehe ich mich an, frühstücke und mache mich auf den Weg.

Ich fühle mindestens zehn Mal in meiner Tasche. Ja, die Tablette liegt dort, wo sie liegen soll, schön ordentlich in ihrer Verpackung. Wenn die Angst überhand nimmt, wird die Tablette zum geheimen Notausgang. Die Verpackung ist abgenutzt, glücklicherweise, denn es ist immer dieselbe Tablette, die mich begleitet. Wenn ich weiß, dass sie dort ist, tief unten in der Tasche, halte ich es besser aus, wenn mich kurzzeitig ein Unbehagen packt. Dort liegt der weiße, in Plastik eingeschweißte Retter in der Not.

Die Angst zwingt mich, loszulassen. So lange ich gegen sie ankämpfe, ist sie unerträglich. Die Angst ist ein Ausdrucksmittel, zu dem der Körper greift, wenn die übrigen Mittel nicht ausreichen. Ich versuche hinzuhören, was die Angst mir sagen will. Sie markiert eine deutliche Grenze, dass es jetzt genug ist. Wenn ich auf-

höre, mich gegen sie aufzulehnen, und mich stattdessen auf sie ein-
lasse, ahne ich, was ich ändern muss. Auf diese Weise hat die Angst
eine Macht, die nicht nur destruktiv erscheint. Sie kann den weiteren Weg weisen. Aber gerade jetzt kann ich nicht loslassen und
die Tablette wird zur einstweiligen Rettung.

Im Hotelzimmer

Im Hotel wird ein Reinigungsmittel mit einem ganz speziellen
Geruch verwendet. Es soll einen frischen, sauberen Duft verbrei-
ten, aber ich empfinde den Geruch als aufdringlich muffig. Er
schlägt mir entgegen, wenn ich von draußen hereinkomme.
Immer muss ich daran denken, wenn ich im Hotel die Gänge ent-
langgehe.

Ich nehme den Zimmerschlüssel aus meiner Tasche, öffne die
Tür und trete in das kleine, unpersönliche grüne Hotelzimmer. Ich
habe den anderen sehr früh eine gute Nacht gewünscht und ziehe
mich zurück, sobald das möglich ist, ohne Misstrauen zu erregen.
Ich habe vollkommen das Gleichgewicht zwischen Ruhe und Anspannung verloren. Solange ich arbeite, geht es gut. Vielleicht nicht
gerade gut, aber es geht auf jeden Fall. Solange Aktivität angesagt
ist, funktioniere ich, aber dann ...

Im Hotelzimmer kommt die Angst. Wenn ich mit mir selbst
allein bin und die Müdigkeit wahrnehmen muss, gerate ich in
Panik. Dann beginnt der Kampf. Um einschlafen zu können, muss
man sich trauen loszulassen. Ich traue mich nicht. Mein Schutz vor
der Angst ist, die Kontrolle zu behalten. Aber der Schlaf lässt sich
nicht kontrollieren. Ich finde einen Weg, auch diese Hotelhölle zu
überleben. Ich will die Angst nicht überhand nehmen lassen, ich
will diese ständig wiederkehrenden Todesgedanken nicht, die das
letzte kleine Lebenslicht aufzehren, das doch noch immer in mir
flackert, auch wenn ich es kaum spüre.

Ich mache mich schnell fertig fürs Bett und schlucke eine
Schlaftablette. Sicherheitshalber habe ich nur für jede Nacht eine
mitgenommen. Irgendetwas in mir sagt, dass ich mich nicht mehr

auf mich verlassen kann. Wenn der Alp mich in Besitz nimmt, kann die Versuchung, zu viele Tabletten zu nehmen, groß werden.

Der Kampf geht weiter. Ich spüre die zunehmende Müdigkeit und gleichzeitig erwacht die Angst. Ich bete zu Gott, dass die Kraft der Tablette das Böse besiegen möge, so dass ich einschlafen kann. Kurz bevor ich die Grenze des Bewussten überschreite, kommt die gesegnete Ruhe. Ich spüre gerade noch, dass sich mein Körper entspannt, nicht nur mein Körper, sondern mein ganzes Ich kommt auf chemischem Wege zur Ruhe.

Der Geruch der Reinigungsmittel im Hotel ist für mich zum Geruch der Angst geworden.

Gott, der Alp bemächtigt sich meiner wieder.
Ich kann kaum atmen
und fühle mich von Panik ergriffen.
Sei mit mir, Gott, und beruhige mich.
Hilf mir, die Sprache der Angst zu verstehen
und zu erahnen, was sie sagen will.

Energieverlust

Schmerzen im ganzen Körper

Ich habe im ganzen Körper Schmerzen.

Alle Muskeln sind steif und tun weh. Die Schmerzen im Nacken und in den Schultern verstehe ich, aber warum tun mir Arme und Beine weh? Wenn jemand irgendwo einen Finger an meinen Körper legt, spüre ich Schmerzen. Die Rückseiten der Waden schmerzen und im Rücken habe ich mehrere empfindliche Punkte im Nierenbereich. »Es geht mir an die Nieren«, kann ich scherzhaft sagen.

Aber Schmerzen sind nicht zum Scherzen. Wenn es am schlimmsten ist, holt sich das Übel Kraft aus anderen Bereichen. Die Schmerzen setzen meinem Dasein einen Dämpfer auf. Sie fordern so viel Kraft, dass es mir nicht gelingt, Freude zu finden. Am schlimmsten ist es abends, wenn ich einschlafen will, oder wenn ich nachts aufwache.

Schmerzen

Ich bin die Schmerzen so leid.
Sie setzen allen Freuden
einen Dämpfer auf.

Nichts macht Spaß,
wenn alles weh tut.

So viel Kraft wird verbraucht,
um die Schmerzen zu bewältigen,
so wenig Kraft bleibt
für die Freuden.

Tagsüber, zusammen mit anderen,
gelingt es, zu verdrängen,
aber in der Einsamkeit der Nacht
drängt sich der Körper auf.

Die Ungeduld pocht:
Wozu diese Schmerzen?
Soll es denn immer so weitergehen?
Alles tut weh.
Ich will nur schlafen.

Ich stehe mit einer Freundin vor einem Haus. Wir warten auf einen Dritten, der versprochen hat, uns mit dem Auto nach Hause zu fahren. Er ist noch immer in der Diele der Gastgeber, um sich zu verabschieden. Wir haben schon auf Wiedersehen gesagt und stehen draußen und warten.

Ich bin entsetzlich müde und will nur noch nach Hause und schlafen. Der Körper schmerzt, es weht eine kalte Brise. Ich spüre, dass ich zu zittern beginne. Kein Wunder, dass es einen schüttelt, wenn man friert, aber so kalt ist es ja gar nicht, denke ich und ziehe mir die Jacke enger um die Schultern. Mein Kopf sagt, dass mein Körper auf die Müdigkeit reagiert, aber diese logische Erklärung hilft mir nicht, das Zittern abzustellen.

»Wie ich zittere«, sage ich zu meiner Freundin. »Das kommt sicher, weil ich so wahnsinnig müde bin.«

»Du, ich gehe rein und hole die Autoschlüssel oder sehe zu, dass er sich beeilt«, antwortet sie und geht ins Haus, um unseren Chauffeur zu holen.

Sie fahren mich nach Hause, bis an die Tür.

»Vielen Dank und schlaft gut«, sage ich und gehe in meine Wohnung. Ich beeile mich, ins Bett zu kommen.

Schon viele Abende hat es mich vor Müdigkeit geschüttelt, aber meist kommt es erst, wenn ich im Bett liege. Wie unangenehm und unpraktisch, wenn es schon auf dem Nachhauseweg anfängt, noch dazu, wenn man von einem Fest kommt, denke ich und gähne.

Ich friere am ganzen Körper, bis auf die Knochen. Fühle mich wie ein Eiszapfen, durch und durch gefroren. Eine zusätzliche Decke und warme Strümpfe helfen mir, wieder warm zu werden.

Ich bin im ganzen Körper verspannt, ein Gefühl, als wären alle Muskeln zum Zerreißen gespannt. In Aktion, bereit, zu kämpfen oder zu fliehen. Den ganzen Tag hatte ich Schmerzen. Gegen Abend ist es schlimmer geworden. Ich lege mich schlafen, bin vollkommen erledigt und sehne mich nach dem heilenden Wohlbehagen des Schlafes. Ich schaffe es nicht einzuschlafen, wenn ich daran denke, wie müde ich morgen früh beim Aufwachen sein werde.

Ich kann mich nicht entspannen. Der Kopf zerspringt, der ganze Körper schmerzt, die Muskeln tun weh und die Gedanken drehen sich im Kreis. Wie soll ich fertig werden? Wie soll ich es schaffen? Ich bin vollkommen untauglich!

In der Dunkelheit der Nacht, wenn alles still und ruhig ist, liege ich mit meinem angestrengten Körper wach. Jeder Muskel ist gespannt wie eine Geigensaite. Wie ich mich auch immer drehe und wende, ich komme doch nicht zur Ruhe.

Ich versuche mich zu entspannen. Ich lausche in mich hinein, meditiere, bete. Ich gehe jeden einzelnen Körperteil durch und versuche zu praktizieren, was ich über Entspannung gelernt habe. Wenn ich nur ein wenig verspannt bin, hilft mir das, aber nicht jetzt, wo der Körper einen Zustand erreicht hat, auf den ich selbst nicht mehr einwirken kann.

Ich drehe und wende mich. Als ich mich vor einer Stunde hingelegt habe, war ich todmüde. Jetzt bin ich hellwach und stehe wieder auf. Eine muskelentspannende Tablette wird mir helfen, und ein Glas Milch. Dann lege ich mich wieder hin und warte. Allmählich findet sich die ersehnte Ruhe ein. Ich spüre, wie sich ein Muskel nach dem anderen lockert. Zuletzt kommen auch die Muskeln in meinem Gesicht zur Ruhe. Ich spüre, wie die Anspannung nachlässt und mein Gesicht sich von einer eingeschrumpften Rosine in eine glatte Weintraube verwandelt.

Energieverlust

Gott, ich leide an Energieverlust.
Ich hatte so viel vor.
Ich hatte so viele Freuden.

Ich habe in der Begegnung
mit anderen von mir selbst gegeben.
Ich habe Verantwortung übernommen
und habe Visionen gehabt.
Aber jetzt kann ich nicht mehr.

Allein der Gedanke,
wieder aufwachen zu müssen,
vertreibt den Schlaf.
Mein Körper schmerzt.
Mein Appetit ist vergangen.
Rastlosigkeit zerrt an mir
und ich kann mich nicht sammeln.
Was ist der Sinn von meinem Tun?

Das Klingeln des Telefons
ist wie ein Messerschnitt.
Ich antworte nicht.
Ich verliere die Geduld
in der Begegnung mit Menschen,
will nur noch meine Ruhe haben.
Ich habe keine Energie mehr,
noch etwas zu tun,
und Ruhe finde ich nicht.

Die Angst schwelt in mir
wie ein Waldbrand,
der außer Kontrolle geraten ist.
Sie dreht mir den Magen um.

Alles ist Panik:
Die Wutausbrüche, die ich nicht lenken kann.
Die Tränen, die plötzlich hervorbrechen.
Der Schwindel, der alles zum Schaukeln bringt.
Die Beine tragen mich nicht mehr
und die Lust ist erstickt.

Ich sehe, wie es ist,
und kann nichts ändern.
Gott, hilf mir, mich zu entspannen
und zeige mir, wie ich einen neuen Anfang wagen kann.

Gibt es einen Sinn?

Ich habe immer Freude am Leben gehabt. Nun ja, vielleicht stimmt das nicht ganz. Es hat auch graue Tage gegeben, eintönige Tage und schwere Tage. Aber trotzdem hat mich immer eine Grundstimmung von Freude aufrechterhalten.

Ich bin leicht zu amüsieren, pflege ich zu sagen. Und das ist wahr. Es ist nicht schwer, mich zu faszinieren. Über die alltäglichsten Dinge kann ich kindliche Begeisterung zeigen.

Aber jetzt ist es mir kaum möglich, solche Freuden zu finden. Ich halte es nicht aus, dass mein Leben nur aus Arbeit und Verantwortung besteht. Soll das ein Leben lang so bleiben? Dann weiß ich nicht, wie lange ich das noch durchhalte. Die bohrenden Fragen kommen nicht, wenn das Leben in vollem Gange ist, sondern wenn es stillsteht. Auf diese Weise fliegt mein Leben dahin, fliegt in Windeseile. Trotzdem steht es still. Zuvor war mir nicht klar, dass ich mein Tempo verringern muss, jetzt sehe ich meine Blindheit, schaffe es aber nicht, einen Gang herunterzuschalten.

Verhaltensweisen zu ändern ist nicht leicht. Ich denke oft an die Worte im Sündenbekenntnis: die Sünden erkennen und sich von ihnen abwenden. Es reicht nicht, die Mängel zu sehen, es muss ihnen auch abgeholfen werden. Es ist schwierig genug, einzusehen, dass ich mein Leben ändern muss. Weit schwieriger ist es, tatsächlich etwas dagegen zu tun. Wenn ich nicht begreife, dass mein Tempo zu hoch ist, dann signalisieren es mir Körper und Seele. Je weniger ich hinhöre, desto deutlicher werden die Signale.

Jetzt wurde meinem Leben Einhalt geboten, jetzt bewege ich mich im Schneckentempo. Nicht, weil ich es so wollte, nicht, weil ich für Langsamkeit bin, sondern weil ich nicht mehr schneller kann. So viel Kraft wird für das erbärmlich Wenige verbraucht, das mein Tagespensum ausmacht. Es ist lächerlich zu sehen, was ich jetzt schaffe und was ich früher geschafft habe.

Vorbereitungszeit, die ich früher wegrationalisiert habe, hole ich jetzt um ein Vielfaches nach. Aber sie ist nicht effektiv. Sie wird hauptsächlich mit Seelenqualen und Unruhe gefüllt. Und mit einer einzigen Frage in wenigen Variationen:

Warum?

Was ist der Sinn?

Warum musste mir das passieren?

Kann es ein gutes Ende nehmen?

Die Freude, die mich einst getragen hat, ist brüchig geworden. An ihre Stelle sind ständig wiederkehrende, sinnlose Fragen nach dem Warum getreten. Das Warum verbraucht nur Kraft. Freude schenkt neue Energie. Und Energie tanken muss ich. Warum kann ich das Warum nicht vergessen? Logisch und rational ist alles ganz einfach. Das Warum loslassen und der Freude Platz machen. Aber gefühlsmäßig schaffe ich es nicht. Der halbe Meter zwischen Gehirn und Herz ist so lang!

Schutzengel

Karfreitagsdunkel.
Dies ist eine der schwersten Reisen meines Lebens.
Gibt es ein Licht am Ende des Tunnels?
Ich kann nicht drum herum gehen.
Es gibt nur einen Weg
und der führt mitten hindurch.

Dies muss ein Ende haben.
Wie es jetzt ist,
kann es nicht weitergehen.

Mir dreht sich der Kopf im Schwindel
und mein Mund ist trocken.
Mir klopft das Herz bis zum Hals.
Dort im Hals begegnen sich
Herzschlag und Atem,
denn weiter kommt der Sauerstoff nicht.

Meine Finger sind eisig
und der übrige Körper wird
abwechselnd kalt und warm.
Im Kopf macht sich Lähmung breit.
Das Denken geht langsam,
ich will nur weglaufen.

Seltsamerweise
komme ich heute durch,
Aufgabe nach Aufgabe.
Jetzt bin ich an den Punkt gelangt,
der mich am meisten beunruhigt hat.
Dies werde ich niemals bewältigen.

Da erscheint ein Engel.
Voller Erstaunen stehe ich
und beobachte, was mit mir
und um mich herum geschieht.
Plötzlich, in meiner Schwäche,
in meinem Gefühl von
Elend und Kraftlosigkeit,
kommt tatsächlich
ein rettender Engel.

Schräg hinter mir,
nur einen Meter entfernt,
steht mein Schutzengel.

Ich spüre
Wärme, Licht und seine Gegenwart,
mitfühlende Hände
auf meinen Schultern,
Geborgenheit in einem Schoß,
der mich umfängt.

Ruhe erfüllt mich.
Einen Augenblick
kehren die Kräfte zurück
und ich möchte
meine Freude mitteilen.

Die Botschaft des Engels sagt mir,
dass das Dunkel des Karfreitags
in österlichen Sonnenschein
verwandelt werden kann.

Man kann mit geöffneten Händen leben.
Aber dann muss ich
bereit sein,
offen sein,
im Dienst des Lebens stehen,
den Griff lockern
und mich nicht mehr daran klammern,
dass ich es schaffen muss.

Wer außer mir hat ihn gesehen,
hat gesehen, was geschehen ist?

Der Engel kam,
als ich die Kraft am nötigsten brauchte.
Er half mir zur Einsicht,
dass sich etwas ändern muss.

* * * * * * * * * * * * * *

Du trägst nicht die Wurzel,
sondern die Wurzel dich.
(Römer 11,18)

Teil 2

Am Ende

So vieles setzt uns unter Druck
und verwandelt die Lust in Anforderungen.
Wenn der Schaden in Ruhe heilen darf,
können Lasten abgenommen werden.
Am Ende der Kraft
beginnt ein neuer Weg.

Das Gummibandprinzip

Neue Phase

Krankgeschrieben.

Eine neue Phase in meinem Leben beginnt.

Ich kann nicht mehr hetzen. Meine Fähigkeit, gleichzeitig an mehreren Fäden zu ziehen, ist wie weggeblasen. Die Anspannung war zu groß und zu andauernd. Jetzt brauche ich etwas anderes. Ich glaube, es geht darum, dass ich lernen muss, einfach nur zu sein. So wie ein Erstklässler lesen lernt, muss ich lernen, mich nach und nach zu entspannen. Keine Forderungen. Kein Stress.

Ich versuche, in mich hineinzuhören, herauszufinden, was meine eigenen Bedürfnisse sind. Wie schwer das ist. Die Signale anderer wahrzunehmen, bin ich gewöhnt. Aber wann habe ich mir selbst zuletzt Platz eingeräumt? Ein eigenes Zimmer – allein beim Gedanken schwindelt mir der Kopf. Ein eigenes Zimmer, ein Ort, der mir allein gehört. Kann ich lernen, meine eigenen Bedürfnisse wahrzunehmen, und mich außerdem trauen, nach ihnen zu handeln? Das scheint utopisch. Zukunftstraum? Ich weiß nicht, ob es überhaupt ein Traum ist, aber ungewohnt ist der Gedanke.

Raum für mich selbst, Zeit, einfach nur zu sein, zurückfinden zu meiner Lust und zu meinen Freuden – das ist mein Rezept.

»Gehen Sie zwei Runden durch den Wald, essen Sie Joghurt und schwimmen Sie jeden zweiten Tag!« – hätte der Arzt mir das nicht sagen können? Es wäre so viel einfacher gewesen, wenn man mir kleine Aufgaben gestellt hätte. Die Zähne zusammenzubeißen und weiter auszuhalten, das bin ich gewöhnt. Ziele anstreben, Aufgaben erledigen, arbeiten und arbeiten, das kann ich. Aber dieses »Einfach-nur-da-sein«?

Wie oft habe ich mir gewünscht, einen Tag zu Hause im Bett verbringen zu dürfen, nicht zu krank, um überhaupt noch irgendetwas zu tun, und nicht gesund genug, um arbeiten zu gehen. Im Übrigen hat es solche Tage in meinem Leben nie gegeben. Ich bin immer zur Arbeit gegangen, ganz egal, welche Wehwehchen mich gerade geplagt haben. Wie hätte es denn gehen sollen, wenn ich zu Hause geblieben wäre? Aber manchmal habe ich mir jedenfalls gewünscht, mich einen ganzen Tag im Bett zu erholen.

Jetzt darf ich es, ich bin krankgeschrieben, darf faulenzen und werde doch nur von Rastlosigkeit geplagt. Jetzt, wo ich mir endlich Einhalt geboten habe, spüre ich meine restlose Erschöpfung, und das ist wenig angenehm. Jetzt *kann* ich ruhen und spüre, dass ich die Fähigkeit dazu verloren habe. Meine einzige Aufgabe ist zurzeit, mich im Warten, Ruhen und Sein zu üben. Mein Ausgangspunkt sollte nicht Forderung und Leistung sein, sondern Lust und Freude.

Dies nenne ich das Gummibandprinzip. So lange man ein Gummiband dehnt, funktioniert es. Ist das Gummiband aber lange gespannt gewesen, merkt man erst beim Lockern, wie überdehnt es ist. Ich bin wie ein gespanntes Gummiband gewesen. Ich habe meine Funktionen erfüllt – und es ist gut gegangen. Es ist nie dazu gekommen, dass das Gummiband gerissen ist, aber ich bin so weit gekommen, dass ich gezwungen war, die Spannung nachzulassen. Erst jetzt merke ich, wie überdehnt ich bin, jegliche Spannung ist verschwunden.

Ich kann mich nach dem Frühstück wieder ins Bett legen, ich kann einen ganzen Vormittag schlafen. Die Welt geht nicht unter, während ich schlafe. Bei der Arbeit kommen sie auch ohne mich zurecht. Ich glaube, ich fehle ihnen und sicher ist nichts so, wie wenn ich dort bin, aber es kann trotzdem gut sein. Vielleicht sogar besser.

Die Müdigkeit war wie eine zu enge Bademütze, mit der ich Tag und Nacht herumgelaufen bin. Jetzt ist mir gestattet, müde zu sein. Ein Arzt sagte, als ich über meine Müdigkeit klagte: »Der Übermüdung durch Schlafmangel kann man mit ein, zwei Nächten Schlaf abhelfen.«

Ich habe wohl nicht verstanden, was er meinte. Oder er hat nicht verstanden, was ich meinte, denn ich bin müde, vollkommen fertig, und schlafe und schlafe. Und tatsächlich spüre ich, wie gut mir das tut. Ich schlafe, ruhe meinen müden Körper und meine müde Seele aus, und wenn ich aufwache, lausche ich in mich hinein. Ich muss lange lauschen, muss mich üben und gelegentlich gelingt es mir, Lust und Freuden zu erahnen. Ich übe, dieses Gefühl wiederzuerkennen, und versuche dann, es als Kompass für mein Tun zu benutzen.

Wenn ich etwas tue, muss es etwas sein, das meine Energie und meine Lust aufladen kann, meine versiegten Quellen auffüllt, zum Beispiel Klavier spielen oder in den Garten gehen. *Was* ich tue, ist nicht so wichtig, aber *dass* ich mir zugestehe, zu tun, wozu ich Lust habe, das ist wichtig.

Jetzt beschäftige ich mich nicht nur mit dem, was erledigt werden muss, was rationell und effektiv ist, sondern ich tue das, was sich wie Balsam um meine Seele legt.

Sperrmüll

Hier ist Sperrmüll gewesen – so etwas wie die Vergebung der Sünden.

Der ganze Schrott wird auf einen Haufen gelegt, alle hässlichen und kaputten Dinge werden eingesammelt, werden sichtbar, sehen schrecklich aus und schließlich kommt die Erlösung – der Müllwagen.

Mit großem Getöse wird alles aufgeladen. Der kräftige, freundliche Fahrer sagt: »Legen Sie Ihren ganzen Müll drauf.«

Ich durchsuche das Haus, will wirklich alles Kaputte und Hässliche finden, das ich sonst immer verstecke. Dann lege ich alles auf den Haufen, die letzten vergessenen, beiseite gelegten Dinge. Alles verschwindet im Müllwagen, der Mann fegt die letzten Reste zusammen, winkt mir freundlich zu und fährt weiter.

Alles ist weg. Frieden legt sich über das Reine und Heile.

Man kann nicht in einem Haus leben, wo einem der Inhalt eines jeden Schrankes entgegenkommt, den man öffnet, und wo jede Schublade überläuft. Wenn jeder Raum, jede Abstellkammer bis zum Platzen gefüllt ist, muss man aufräumen und sortieren, um

Platz zu schaffen für das, was man unterbringen will. Eine solche Säuberung brauche ich.

Es gibt eine Grenze, wie viel wir unterbringen können. Wenn die Abstellkammern überfüllt sind, platzen sie. Wenn die Spannung zu hoch ist, brennt eine Sicherung durch.

Krankgeschrieben

Welch ein seltsames Wort für einen merkwürdigen Zustand! *Krankgeschrieben.* Ich bin nicht bei der Arbeit. Ich bin am helllichten Tage zu Hause. Die Leute fragen erstaunt:

»Warum sind Sie zu Hause? Warum sind Sie nicht bei der Arbeit?«

»Ich bin krankgeschrieben«, will ich antworten.

Krank – ich habe doch kein Fieber! Geschrieben – ich schreibe doch nicht!

Welche Antwort soll ich geben, wenn ich gefragt werde, warum ich am helllichten Tage zu Hause bin? Was soll ich sagen, wenn ich vormittags einkaufen gehe? Was soll ich sagen, wenn die Leute fragen, warum ich nicht bei der Arbeit bin? Ich probiere verschiedene Varianten aus:

»Ich habe Mutterschaftsurlaub.«

»Ach wie schön, haben Sie ein Kind bekommen?«

Gute Antwort, passt aber jetzt nicht.

»Ich habe mich beurlauben lassen.«

»Interessant. Wozu haben Sie sich denn beurlauben lassen?«

Nein, das geht auch nicht.

»Ich feiere Überstunden ab.«

»Ach wirklich, ich feiere heute auch Überstunden ab.«

Aber was soll ich dann morgen und nächste Woche antworten, wenn wir uns wieder begegnen? Mehrere Wochen oder Monate Überstunden abfeiern, das hört sich nicht sehr glaubwürdig an.

»Ich arbeite zu Hause.«

»Ja, die neue Technik hat ihre Vorteile. So eine Freiheit, zu Hause arbeiten zu können!«

Und wenn er mich zu Hause anruft und um Hilfe bittet? Was soll ich dann sagen?

Es gibt nur eine einzige Antwort, die jeden Tag funktioniert:

»Ich bin krankgeschrieben.«

Obwohl ich nicht an Krücken gehe und keinen Gips habe. Obwohl ich kein Fieber habe. Obwohl ich noch nicht einmal ansteckend bin, bin ich krank. Das ist nur schwer zu verstehen. Und noch schwieriger ist es, mit anderen darüber zu reden. Ich fühle mich unverschämt gesund, wenn ich vormittags einen Spaziergang mache. Ich finde, dass ich viel zu munter aussehe, um zu Hause zu sein. Aber in meinem Inneren fühle ich mich müde und ausgelaugt.

Ich mag das Wort krank nicht – es trifft nicht, wie es mir geht. Und das Wort schreiben gefällt mir auch nicht. Ich schreibe gerne, aber das hat nichts damit zu tun, dass ich zu Hause bin. Geschrieben habe ich, gedacht und geschrieben, so dass mein Gehirn zu kochen anfing. Das sind Tätigkeiten, die ich jetzt unterlassen werde. Politiker verhandeln und formulieren Schriften, um das Fassen von klugen Beschlüssen zu erleichtern. Ich verfasse keine Schriften.

Die Fragen kommen:

»Warum sind Sie nicht bei der Arbeit?«

»Was machen Sie denn am helllichten Tage zu Hause?«

Und ich versuche zu antworten:

»Ich bin etwas überanstrengt. Meine psychischen Bänder sind überdehnt. Ich leide an Energieverlust und ruhe meinen Körper und meine Seele aus.«

Ich bin krankgeschrieben, aber ich schreibe nicht und ich sehe auch nicht besonders krank aus.

Du siehst so jung und munter aus

Wie kann ich
jung und munter aussehen,
und mich so
elend fühlen?

Sagen die Leute das
aus reiner Freundlichkeit?
Glauben sie, dass mich
dieser Kommentar aufmuntert?
Oder sieht man mir gar nichts an?

Die Übung,
meine eigenen Signale
zum Vorteil anderer
auszuschalten,
scheint Symptome
auszulösen,
die aus dem Inneren kommen.

Mir fällt plötzlich ein,
dass es Früchte gibt,
die von innen nach außen
verfaulen.

Berge

»Die beste Medizin sind die Berge«, sagte der Arzt zu mir.

Können lange Spaziergänge in den Bergen meine Wunden an Körper und Seele heilen?, dachte ich.

Aber ich fing an zu wandern.

Jeden Tag unternehme ich stundenlange Spaziergänge, bei Wind und Wetter. Ich laufe und laufe, höre der Natur zu und lausche in meinen Körper hinein. Ich sehe, rieche und fühle, nehme ganz einfach die Welt um mich herum wahr. Ich höre auf meinen eigenen Körper, übe mich langsam darin, meine eigenen Signale wahrzunehmen, lerne, zu mir selbst freundlich zu sein. Und die Berge antworten: »Du wirst geliebt, du wirst gebraucht, so wie du bist.«

Ich laufe einfach, niemals mit dem Ziel, etwas zu leisten. Forderungen haben zur Genüge an mir gezerrt. Nein, ich begebe mich nach draußen und werde eins mit den Bergen, ich wandere und gestatte mir, oder besser gesagt, ich übe mich darin, nur zu sein und aufzunehmen, was zu mir kommt. Ich schaue nicht auf die Uhr, ich zähle keine Kilometer, ich bestimme keinen Weg, ich bin einfach ich in den Bergen.

Manchmal gehe ich stattdessen ins Schwimmbad. Dort schwimme ich genauso, wie ich in den Bergen laufe. Ich schwimme und schwimme, ohne zu zählen, ohne zu leisten – einfach im Wasser sein und genießen, den Körper gebrauchen und das gestresste Hirn ausschalten. Ich atme ein und atme aus und bewege mich im Wasser.

Wasser, mein erstes Element, das mich umgab, als ich in Mutters Gebärmutter lag, denke ich und fühle mich umschlossen und geborgen.

Samen

Der nackte Samen
hat auch eine Zeit,
in der er seine Schale
zum Überleben braucht.

Ganz innen
und ganz außen
gehören zusammen,
bilden eine Einheit.

Die Schale ist
nicht nur
ein Hindernis.
Sie trägt
zum Leben bei.

Aber das Leben
ist im Kern,
ist dort,
wo die Verletzung trifft,
innerhalb der
schützenden Schale.

Die Schale schützt das Innere. Ich glaube, ich muss meine Schale reparieren, sie hervorholen, sie gegen eine dickere Haut auswechseln. Um in der Begegnung mit anderen mit meinem Innersten gegenwärtig sein zu können, brauche ich meine Schale. Manchmal muss ich mich abschirmen, mich in mein eigenes Zimmer zurückziehen. Sonst schaffe ich es nicht.

Und ich wünsche mir, die Schale anderer wahrzunehmen und ihnen zuzubilligen, sich darin zu verbergen, wenn sie es brauchen. Es gibt Gelegenheiten, wo der Schutz fallen muss, so dass wir es wagen, uns in die Augen zu sehen, aber manchmal muss das Leben geschützt werden. Um Verletzungen aushalten zu können, muss ich eine Schale haben, mit der ich mich schützen kann.

Freundlich zum Körper sein

Überanstrengte Menschen finden Linderung durch Entspannung. Abends ist Entspannung ganz einfach notwendig, um einschlafen zu können. Aber auch tagsüber kann sie notwendig sein.

Massagen lindern. Ein wenig Öl auf dem Rücken und zwei Hände, die nacheinander alle Muskeln bearbeiten, ein Gefühl von Behaglichkeit. Oft reicht es, wenn man sich zu Hause ein bisschen massieren lässt. Man kann sich auch abwechseln. Ein professioneller Masseur beherrscht seine Arbeit. Dann weiß ich, dass die halbe Stunde mir ganz allein gehört und dass der Masseur für mich da ist.

Ich sitze in dem kleinen Wartezimmer des Physiotherapeuten. Hier sind die Zeitschriften nicht zerlesen wie so oft in anderen Wartezimmern. Wir, die Wartenden, begrüßen uns gegenseitig. Es herrscht eine freundliche Atmosphäre. Ich blättere in einer Wochenzeitschrift. Filmstars und ihre Schicksale aus der Sicht der Medien füllen die Seiten.

Die Zeitung liegt offen vor mir. Meine Gedanken suchen das, was vor mir liegt. Zuerst wird der Physiotherapeut meinen Namen aufrufen und mich begrüßen. Dann gehen wir ins Behandlungszimmer. Dort liege ich mit einem Wärmekissen unter dem Nacken und einem riesengroßen Würfel unter den Unterschenkeln und entspanne mich eine Viertelstunde lang. Es ist ganz still. Mein Körper ruht und ich genieße.

Der Physiotherapeut massiert meine schmerzenden Muskeln. Manchmal mache ich anschließend ein wenig Krafttraining, aber meistens brauche ich nur Entspannung. Es ist die reine Zauberei. Eine gute halbe Stunde nur für mich, und der Physiotherapeut, der nur für mich da ist. Ja, ich weiß, es gibt noch andere Patienten, und der Physiotherapeut läuft zwischen uns hin und her, aber das braucht mich jetzt nicht zu bekümmern. Es tut mir so gut, der Mittelpunkt der Welt zu sein, auch wenn es nur für eine halbe Stunde ist und auf Bestellung.

Ein Gefühl erfüllt mich, dass ich allein wichtig bin. Schon das tut gut. Und dazu Wärme und Massage für einen empfindlichen

Körper, das lindert. Die Zauberkünste des Physiotherapeuten lassen mich aufstehen und mit leichteren Schritten nach Hause gehen, denke ich.

Meine Gedanken werden dadurch unterbrochen, dass der Krankengymnast hereinkommt und meinen Namen aufruft. Jetzt bin ich an der Reihe.

Warme Bäder sind auch wohltuend für den Körper, sowohl zu Hause als auch im Warmwasserbecken. Einmal die Woche wartet eine riesengroße Badewanne auf mich. Eine halbe Stunde lang bin ich eins mit dem Wasser. Nichts darf in diesen Augenblicken wichtiger sein.

Jetzt ist der feierliche Augenblick gekommen, denke ich und gehe durch die Tür zum Warmwasserbecken.

In einem Raum mit drei blauen Wänden, einer blauen Decke und einer Wand ganz aus Glas befindet sich ein Becken mit 35 Grad warmem Wasser. Im gleichen Raum stehen schöne große Korbstühle, die zum Ausruhen einladen. Ich gehe in eine der Umkleidekabinen neben dem Becken und ziehe den blauweißen Vorhang zu. Oh, wie schön, denke ich, ziehe mir den Badeanzug an und dusche kurz.

Am schönsten ist der Moment, wenn man in das Becken hinuntersteigt. Ein Schritt nach dem anderen und die Wärme verteilt sich nach und nach im ganzen Körper. Manchmal mache ich die Augen zu und träume mich an einen Mittelmeerstrand. Ich spüre, wie die Wärme mir hilft, die Forderungen abzuschütteln. Indem die Muskeln warm werden und sich entspannen, lässt auch der Druck nach, der über mir hängt.

Mein Badeanzug hat die gleichen Blautöne wie das Wasser und die Wände. Das Einzige, was gegen das harmonische Blau im Raum absticht, sind die länglichen Schwimmkissen am Rand des Beckens und die aufblasbaren Kragen, die man sich unter den Nacken legen kann. Die Kragen sind zitronengelb und die Kissen sind grün und lila. Mit diesen farbenfrohen Schwimmhilfen komme ich im Wasser zur Ruhe.

Das Becken ist nicht sehr groß, vielleicht fünfzehn Meter lang und fünf Meter breit, aber ich bin ganz allein. Und wenn ich es mir als Badewanne vorstelle, hat es enorme Ausmaße. Mit leiser Musik entspanne ich mich im wohltuenden Wasser. Mit Hilfe der Schwimmkissen schaukele ich auf und ab auf der Wasseroberfläche. Mein Körper wird warm und leicht. Ich kann mir aussuchen, ob ich mich nur entspannen möchte oder ob ich meine Muskeln trainieren möchte. Meistens geht es mir am besten, wenn ich mich einfach nur dem Wasser überlasse. Ich muss meine Muskeln trainieren, aber im Augenblick ist Ruhe besser als Anspannung.

Voller Hoffnung

Tränen

Man kann auf viele Arten weinen.
Dass es so viele Tränen gibt.

Tränen – von den Wundern des Lebens berührt.
Tränen der Trauer.
Freudentränen.

Tränen, die über die Wangen rinnen,
und Tränen, die auf der Innenseite
der Augenlider brennen.

Tränen der Ohnmacht,
ein Weg aus der Mutlosigkeit.
Tränen, die helfen zu akzeptieren.

Tränen der Müdigkeit.
Tränen aus Angst.
Tränen, weil ich Angst habe,
oder eher
Angst vor der Angst habe.

Tränen der Enttäuschung und Verbitterung.
Tränen aus Wut.

Tränen sind der Grat, auf dem
ich mit meinem Leben balanciere.

Mit den Tränen kommt die Wende.
Die Grenze ist erreicht.

Entladung
Entspannung
Ruhe
Müdigkeit
Nähe.

Tränen sind wie Angst,
ein Signal,
dass sich etwas ändern muss.

Ich will nicht aufhören zu weinen,
bevor ich fertig bin.
Gott, sammle meine Tränen
in deinen Krug.

* * * * * * * * * * * * * * * *

Sammle meine Tränen in deinen Krug.
Gott wird abwischen alle Tränen von ihren Augen.
(Psalm 56,9; Offenbarung 7,17)

Das einfache Leben

An einem ganz normalen Donnerstagvormittag setzen wir uns an den Küchentisch, um eine praktische Frage zu besprechen. Wir haben beide frei. Ziemlich bald ändert das Gespräch seinen Charakter. Es wird tiefer, wichtiger. Die praktische Frage mit Uhrzeit und Ort haben wir sehr schnell gelöst, aber als wir beginnen über Leben und Tod, Liebe und Verrat, Freude und Trauer zu reden, brauchen wir Zeit. Gerade an diesem Vormittag können wir uns die Zeit nehmen. Es handelt sich vielleicht um eine halbe Stunde unseres Lebens, die wir uns gegenseitig widmen, eine halbe Stunde, während der wir andere Dingen warten lassen.

Wenn sich das Gespräch verdichtet, kann sich die Gemeinschaft vertiefen, und irgendwie erwacht eine Einsicht bei mir: Ich stehe mit meinen Empfindungen nicht allein da. Selbst wenn ich mich mit meinen Sorgen allein fühle, bin ich doch nicht die Einzige, die Sorgen hat. Selbst wenn ich allein bin mit meiner Trauer, meinen Schmerzen, meiner Unruhe, so bin ich doch nicht die Einzige, die so fühlt. Wir teilen die Sorgen miteinander und es wird uns leichter, weiterzugehen. Dieses Mal konnten wir die Gelegenheit nutzen und die häuslichen Aufgaben warten lassen.

Ich werde daran erinnert, dass jeder seine Sorgen hat. Wie leicht es ist zu denken, dass das Leben für andere so viel einfacher ist, dass nur ich es schwer habe! Die Voraussetzungen sind unterschiedlich und wie wir unser Leben gestalten, kann so verschieden aussehen, aber wir haben miteinander gemeinsam, dass wir Menschen sind. Gott hat uns mit Tränen und mit Lachen geschaffen. Ich wünschte, wir könnten, wollten und wagten es, häufiger zusammen zu weinen und zu lachen. Das bereichert das Leben.

Wenn menschliche Begegnungen zu wirklichen Begegnungen werden und ich spüre, dass das, was mir erzählt wird, für diesen Menschen wichtig ist, wird es auch wesentlich und bedeutungsvoll für mich.

Wenn wir uns die Zeit nehmen, einander zuzuhören, können wir feststellen, dass wir mehr mit unseren Mitmenschen gemeinsam haben, als wir zunächst vermutet haben.

Hilfe annehmen

Es klingelt an der Tür, ein Kollege kommt herein. In der Hand hält er einen Blumentopf mit Krokussen.

»Es sind nur Knospen, aber ich denke, sie blühen auf, bis du wieder zur Arbeit kommst. Hier, bitte!«, sagt er und überreicht mir den Topf als Frühlingsboten.

Freude und Wärme erfüllen mich, ich umarme ihn und sage:

»Tausend Dank, das ist aber lieb von dir. Hast du Lust, einen Augenblick hereinzukommen?«

»Nein, tut mir Leid. Ich habe keine Zeit. Ich wollte dir nur schnell die Blumen bringen«, sagt er, lächelt und geht.

Eine kurze Begegnung. Nur wenige Minuten. Manchmal kann ein kurzer Augenblick eine Investition für die Zukunft sein.

Dieser Pflanze werde ich es nachmachen, denke ich und gehe damit in die Küche. Ich werde an jeder Knospe und an jeder Blüte meine Freude haben. Im Augenblick sieht sie nicht nach viel aus, aber sie wird blühen. Ich habe das Gefühl, dass ich im Augenblick auch nicht nach viel aussehe. Aber vielleicht kann ich wie die Krokusse aufblühen, mich neuen Möglichkeiten öffnen. Ich möchte daran glauben, denke ich und stelle den Blumentopf vorsichtig auf den Küchentisch mit dem gestreiften Wachstuch.

Dass er persönlich gekommen ist, auch wenn er nur kurz hereingeschaut hat, bedeutet für mich viel mehr, als wenn er den schönsten Blumenstrauß hätte schicken lassen. Ich hätte mich über einen eleganten Strauß auch gefreut. Das meine ich nicht. Wichtig ist, dass das Geschenk von Herzen kommt und dass man bereit ist, da zu sein, wenn man gebraucht wird.

Ich bin trauernden Menschen begegnet, die enttäuscht waren, dass Freunde sich nicht getraut haben, sich bei ihnen zu melden. Einige haben auch berichtet, wie viel es ihnen bedeutet hat, dass es in schweren Stunden Menschen gegeben hat, die ihnen zur Seite gestanden haben. Ein paar Zeilen in einem Brief, ein Telefongespräch, ein kurzer Besuch – das spendet Trost. Freunde und Kollegen können eine wertvolle Stütze sein.

Wer tröstet, braucht nicht professionell zu sein, es genügt, ehrlich zu sein. Ich erinnere mich an meine akute Blinddarmoperation vor vielen Jahren. Ich lag allein im Krankenhaus und wartete darauf, in den Operationssaal gefahren zu werden. Eine meiner Freundinnen kam, um bei mir zu sein. Verschiedene weißgekleidete Personen gingen aus und ein und beschäftigten sich mit mir, um mich für die Operation vorzubereiten. Eine Krankenschwester gab mir eine Beruhigungsspritze.

Meine Freundin kam sich etwas verloren vor und konnte nicht so gut mit der Situation umgehen. Tränen traten in ihre großen Augen, aber sie verließ mich nicht. Sie traute sich, ihr Unbehagen zu zeigen, aber sie traute sich auch, an meinem Bett zu bleiben.

Sie ging neben mir, als man mich abholte, und winkte mir an der Tür zum Operationssaal zu. Das werde ich nie vergessen.

Ich wünsche mir, dass ich es wage, da zu sein, wenn mich jemand braucht, denn das bedeutet so unendlich viel. Und ich freue mich über alle, die sich die Zeit nehmen, mich aufzumuntern. Hilfe leisten und annehmen zu können, ist eine Eigenschaft, deren Wert sich im Laufe des Lebens zeigt.

Trost

Trost ist nicht,
dass es vorübergeht
oder dass ich dem Schweren
ausweiche.

Trost ist Nähe.
Jemand ist bei mir,
geht mit mir,
bläst auf meine Wunde,
umarmt mich,
spricht mit mir
oder hört zu.

Jemand, der mich nicht verlässt,
sondern mit mir geht,
in meiner Nähe ist.

Es macht nichts,
wenn die Tröstenden
selbst ängstlich oder traurig sind,
wenn sie nur ehrlich sind
und den Mut und die Kraft besitzen,
ihre eigenen Dinge beiseite zu lassen
und bei mir zu sein.

Wer getröstet wird,
muss seine Verletzlichkeit zeigen,
muss die Stärke besitzen, schwach zu sein.

Wer getröstet wird,
muss das Schwere trotzdem durchmachen,
aber jemanden zu haben,
als Begleitung auf dieser Reise,
das spendet Trost.

Wer tröstet,
muss es wagen,
Nähe zu zeigen
und in Ruhe zu lassen.

Wer tröstet,
muss Geduld haben,
den richtigen Augenblick abzuwarten.
Trost braucht Zeit.

Trost ist,
Möglichkeiten zu zeigen,
das Schwere beim Namen zu nennen.

Trost ist auch,
dass jemand für mich hofft,
wenn ich selbst
kein Licht sehen kann.

Ich bin nicht allein gelassen.
Ich bin nicht ohne Hoffnung.
Jemand geht mit mir,
begleitet mich
in der Begegnung mit dem Schweren,
atmet mit mir
und fühlt meinen Puls.

* * * * * * * * * * * * * *

Gott tröstet uns in aller unserer Trübsal,
damit wir auch trösten können,
die in allerlei Trübsal sind.
(2. Korinther 1,4)

Morgendämmerung

Es ist Nacht. Ich bin hellwach. Meine gestresste Seele kann nicht ruhen. Ich kenne nur Anspannung. Entspannung habe ich verlernt.

Es ist dunkel. Von draußen kommt kein Licht herein. Ich liege in der Dunkelheit und denke dunkle Gedanken. Immer wieder die gleichen Gedanken. Ich drehe und wende mich in meinem Bett, um eine bequeme Lage zu finden. Es gelingt nicht. Das Kissen ist steinhart, die Decke hat sich verdreht und die Matratze ist bucklig. Ich kann nicht schlafen.

Es ist still. Alles um mich herum ruht. Ich höre nur die ruhigen Atemzüge meines Mannes und ab und zu ein Knacken in den Wänden. Ich möchte auch Schlaf finden, Ruhe und Geborgenheit. Ich brauche den Schlaf, um einen weiteren Tag bewältigen zu können. Wie soll ich den morgigen Tag schaffen, wenn ich jetzt nicht schlafen kann? Schon beim Schlafengehen verspürte ich den Druck des kommenden Tages, und jetzt frage ich mich, wie ich es überhaupt schaffen soll, morgen zu arbeiten, wenn ich jetzt nicht schlafen kann. Ich muss jetzt schlafen. Es ist Nacht, es ist dunkel und ich bin allein.

Mit der Dunkelheit kommen so viele schwere Gedanken. In den stillen Stunden der Nacht verliere ich die Perspektive. Ich sehne mich nach Licht in meiner Dunkelheit.

Plötzlich höre ich eine Amsel vor meinem Fenster singen. Ihre Morgentriller dringen bis in mein Schlafzimmer. Bei mir ist es Nacht, Dunkelheit und Stille, aber die Amsel berichtet mit ihrem klaren Lied von der Morgendämmerung.

Die Dunkelheit der Nacht beginnt zu schwinden. Obwohl ich das Licht noch nicht erahnen kann, kommt es doch. Davon erzählt die Amsel. Ich fühle mich nicht mehr so allein und verlassen. Ein Vogel leistet mir Gesellschaft und singt ein Lied der Hoffnung. Es dringt in meine zähen Gedanken, in meinen müden Körper, und bringt Seele und Körper zur Ruhe.

Eine kleine Weile, bevor es an der Zeit ist aufzustehen und einen neuen Tag zu beginnen, finde ich Schlaf. Der Gesang der Amsel hat mich durch meine Dunkelheit getragen. Als ich nicht vermochte, Licht zu sehen, kam der Vogel und brachte Hoffnung mit seinem Gezwitscher.

Die Amsel

Noch vor der Dämmerung,
wenn bei mir noch alles dunkel ist,
beginnt die Amsel zu singen.
Die Amsel zwitschert im Baum.
Es ist dunkel.
Ich kann sie nicht sehen.
Nur hören.
Bei mir ist es
noch immer Nacht,
aber der Vogel trällert
sein Morgenlied.

Er sagt, dass es noch
andere Blickwinkel gibt.

Die Amsel ahnt das Licht
und beginnt ihr Lied,

während ich
nur die Dunkelheit sehe.

Der Morgengesang der Amsel
ist ein Lied der Hoffnung.

Teil 3

Ein neuer Weg

Aus der Ruhe erwächst erneut die Kraft,
die aus dem Tode Leben hervorbringt.
Die Wunden heilen in der Ruhe,
in der Seele keimt unser Feuer.
Am Ende der Kraft
beginnt ein neuer Weg.

Rückkehr

Loves you me?

Ich bin so weit, dass ich wieder arbeiten kann. Eines meiner Kinder gibt mir ein Heft mit drei Bildern. Das erste Blatt, die Titelseite, zeigt ein großes rotes Herz mit Augen, Mund und Nase. Das Herz ist das Gesicht eines Mädchens mit langen Haaren, ausgestreckten Armen und Füßen, die in der Erde wurzeln. Die Mundwinkel des fröhlichen Mundes sind bis zu den Augenbrauen hochgezogen. In der Sprechblase steht: »Arbeiten macht Spaß!«

Unter dem Herz-Mädchen steht der Titel der kleinen Schrift; er lautet: *Gute Ratschläge, wie man anfängt zu arbeiten!*

Die zweite Seite hat drei Spalten.

Die erste trägt die Überschrift *Entspannung* und enthält folgende Ratschläge:

- Wenn du nach Hause kommst und müde bist, legst du dich auf das Sofa und ruhst dich aus.
- Wenn du isst, darfst du nicht ans Telefon gehen.
- Pack das Paket aus, dann bekommst du eine Erklärung!

Ich unterbreche, um das Paket auszupacken. Das Geschenk besteht aus lauter nummerierten Zetteln, die mit einer Musterbeutelklammer zusammengesteckt sind. Wenn man etwas von mir will, muss man einen Nummernzettel nehmen und warten, bis man an der Reihe ist. Wenn ich beschäftigt bin, sind die beiden Beine der Klammer zur Seite gebogen, so dass man keinen Zettel nehmen kann. Habe ich Zeit, sind die Beine gerade und zusammen, so dass man einen Zettel nehmen kann. Ein sehr einfaches System, das beiden Gesprächspartnern Sicherheit gibt.

Die Überschrift der zweiten Spalte lautet *Ratschläge*. Dort steht:

- Leg dich hin, wenn du müde bist.
- Tu abends nur, was du schaffst.
- Versuche, Zeit für Gymnastik einzuplanen, damit du eine Weile ganz für dich allein hast.

Die dritte Spalte trägt die Überschrift *Ich verspreche, dass ...* Dort wird aufgezählt, womit sie mir helfen möchte.

Die Schrift schließt mit einem weiteren großen roten Herz auf der dritten Seite. Oben in der linken Ecke steht: »Das wird dir Spaß machen.« Von dort geht ein Pfeil zu dem roten Herz, in dem drei kleine, tiefrote Herzen zu sehen sind, sowie der Text: »I love you! Loves you me?« Unter der Frage sind zwei Quadrate, über dem einen steht ja und über dem anderen steht nein. Auf der Rückseite steht mit großen bunten Buchstaben »ENDE«.

Kinder sind die klügsten Menschen, die es gibt. Von ihnen kann man viel lernen. Das Heft hat einen deutlichen Anfang und ein deutliches Ende. Es strahlt Lust und Freude aus. Es enthält praktische Tipps, wie ich meine Arbeit begrenzen kann, und, was mindestens genauso wichtig ist, mir wird bestätigt, dass ich geliebt werde. Außerdem wird eine ehrliche Antwort von mir erwartet, ob diese Liebe auf Gegenliebe stößt. Ich möchte wirklich die Kunst erlernen, Spaß zu haben.

Das Leben ist viel zu kurz, als dass man sich nur mit *müssen* durchkämpfen sollte. Wenn mein Leben immer von den Forderungen anderer bestimmt wird, werde ich nie so weit kommen, das zu tun, was ich selbst will. Es kann nicht immer alles Spaß machen, nicht immer. Es gibt auch graue Tage und eintönige Routine. Aber ich glaube, je mehr meine Tätigkeiten von Lust und Freude bestimmt werden, desto besser wird das Resultat und desto besser geht es mir. Ich möchte sagen können: »Die Arbeit macht Spaß!« Und wenn mir das nicht möglich ist, bitte ich um die Weisheit und den Mut, zu sehen, was ich ändern muss.

Neues Eis

Neues Eis kann stabil aussehen.
Erst, wenn man es ausprobiert,
merkt man, was es wirklich aushält.

Neues Eis kann ungewohnt aussehen.
Erst, wenn man es ausprobiert,
merkt man, wozu man fähig ist.

Wie neues Eis zu sein,
heißt, nicht zu wissen,
welche Belastung man
ohne Probelauf aushält.

Es genügt nicht,
dass das Eis zuvor
stabil gewesen ist.
Es genügt nicht,
sich auf die Gewohnheit
von früher zu berufen.

Neues Eis
ist ein neuer Anfang.
Aber frühere Erfahrungen
können nützlich sein.
Neues Eis muss getestet werden,
nach einiger Zeit trägt es.

Dass es so lange dauert zurückzufinden! Wenn ich denke, jetzt kann ich, jetzt will ich, jetzt traue ich mich, dann kommt der Rückschlag. Ich kann nicht, noch nicht. Ich will mehr als ich kann. Und der Mut hält nicht so lange vor. Wer verletzt worden ist, braucht Zeit zur Heilung, Heilung ohne weitere Belastung. –

Als ich einige Wochen krankgeschrieben war und mich ziemlich elend fühlte, besuchte mich eine Kollegin. Sie erzählte mir, wie es ihr erging, als ihre Kräfte versagten.

»Beim ersten Mal habe ich überhaupt nichts gelernt. Beim zweiten Mal war es genauso. Ich habe nichts dazugelernt, obwohl es beim zweiten Mal viel schlimmer war. Erst beim dritten Mal, als ich vollkommen zusammenbrach, lernte ich, dass ich mir selbst Einhalt gebieten musste«, sagte sie und fuhr fort:

»Fangen Sie nicht zu früh an zu arbeiten. Bleiben Sie so lange zu Hause, wie Sie es für richtig halten. Ruhen Sie sich aus und finden Sie zu Ihrem eigenen Pulsschlag zurück.«

Ich weiß nicht, wie oft mir diese Worte in den Sinn gekommen sind. Damals dachte ich: »Das gilt für sie. Ich habe die volle Kontrolle. Ich weiß, was ich tue. Mit mir ist es nicht so schlimm.«

Ich fand ihre Worte eigentlich überflüssig. Trotzdem sind es genau diese Worte, die mir in Erinnerung geblieben sind und auf die ich immer wieder zurückkomme.

Vielleicht habe ich jetzt gelernt, dass ich auf den nächsten Zusammenbruch zugehe, wenn ich meine Signale nicht wahrnehme und immer nur weiterkämpfe. Außerdem besteht das Risiko, dass es jedes Mal schlimmer wird, wenn ich nicht lerne, meine Grenzen zu akzeptieren.

Erinnerungen

Ich bereite mich auf Aufgaben vor, die ich schon lange nicht mehr ausgeführt habe, Aufgaben, die mich überforderten, durch die mir klar wurde, dass meine Grenze erreicht war. Jetzt bin ich geheilt, nahezu geheilt. Ich habe mich ausgeruht und neue Kräfte gesammelt. Es tut gut, wieder den Mut zu haben, sich mit den früheren Aufgaben zu befassen.

Da passiert es: Panik, Angst, Schwindel. Die Erinnerungen überfallen mich so stark, dass es mir schwer fällt zu unterscheiden, was zur damaligen Zeit gehört und was meine jetzigen Empfindungen sind. Jetzt habe ich Kraft, glaube ich, aber die Erinnerungen drängen sich auf. Jetzt weiß ich genau, wie ich mich damals gefühlt habe, so deutlich, dass ich einen kurzen Augenblick befürchte, der alte Zustand könnte sich wieder einstellen. Aber es sind nur spürbare, lebendige Erinnerungen an die Gefühle von damals, die mich jetzt berühren. Der Körper erinnert sich.

Im Kopf können wir versuchen, alles zu erklären und in ein spezielles Fach einzuordnen. Wir können uns mit unserer Willenskraft einreden, dass alles Schwere überstanden ist und dass wir uns nicht mehr daran erinnern wollen. Aber der Körper erinnert sich. Das, was ich jetzt tatsächlich überstanden habe, kann sich im Körper so stark bemerkbar machen, dass ich kaum unterscheiden kann, ob es ein Rückfall ist oder ob ich mich nur sehr deutlich daran erinnere, wie ich mich damals fühlte.

Wunde Füße

Wunde Füße schmerzen, auch wenn man es ihnen von außen nicht ansieht. Wenn der Schuh zu lange an der Ferse drückt, entsteht auf der Haut bald eine scheußliche Blase. Je länger ich gehe, desto schlimmer wird es. Aber wenn die Füße schmerzen, weil die Schuhe zu eng sind, kann man nicht einfach aufhören zu laufen. Stattdessen muss man sich irgendeine Art von Entlastung ausdenken. Einfache Pflaster helfen meist nur wenig, die neuen Spezialpflaster sind schon besser. Am besten ist jedoch, die Ferse einfach in Ruhe zu lassen. Sandalen, die hinten offen sind, oder gut eingetragene Schuhe, die nicht drücken, können Abhilfe schaffen. Wunde Füße brauchen Schuhe, die andere Stellen belasten.

Energieverlust und wunde Füße haben vieles gemeinsam. Die Abnutzung ist nicht sichtbar, jedenfalls nicht bei flüchtigem Hinsehen, aber sie ist für den Betroffenen spürbar. Die Belastung ist zu groß gewesen, der Verschleiß zu anhaltend und man ändert erst etwas, wenn es bereits zu spät ist. Man weiß nicht genau, wann es angefangen hat, und entdeckt den Schaden erst, wenn er ein Faktum ist.

Wunde Füße kann man nicht ignorieren. Natürlich kann man eine Weile so tun, als wäre nichts geschehen, aber der Schmerz gibt sich erst, wenn man etwas dagegen tut. Wer Energieverlust erlitten hat, muss seine Lebensweise ändern. Wenn ich diese Schuhe nicht tragen kann, muss ich andere verwenden. Dass ein Teil des Fußes keinen weiteren Druck verträgt, bedeutet nicht, dass der ganze Fuß unbrauchbar ist. Um zu begreifen, was ich nach wie vor schaffe, muss ich herausfinden, wo meine psychischen Wunden sitzen. Präsent zu sein macht verletzlich. Die Wunde zu finden ist schmerzhaft.

Verschlissene Tastatur

Wie verschlissen
manche Tasten sind.
Abgenutzt durch
allzu häufige
Berührung.

Ich gleite
über die Tastatur,
bleibe aber
innerhalb meines
gewohnten Registers.

Jetzt
will ich ruhen.
Erst dann das
Register erweitern.
Auf neuen Tasten spielen.
Die Töne wahrnehmen.
Den Klang fühlen.
Neues lernen.
Nicht nur wenige abnutzen,
sondern neue, andere erproben.

Wie gut zu entdecken, dass ich nicht alle Fähigkeiten verloren habe!

Als es mir am schlechtesten ging, habe ich mich vollkommen untauglich gefühlt, aber ich habe festgestellt, dass dem nicht so ist. Es gibt Dinge, die für mich die größte Selbstverständlichkeit waren, die ich im Augenblick aber nicht beherrsche. Aber es gibt auch Dinge, die mir die ganze Zeit leicht von der Hand gingen.

Wie gut es tut, diese Puzzleteile gefunden zu haben! Auf einem steht: »Ich kann, aber nicht jetzt.«

Auf einem anderen steht: »Es gibt Dinge, die ich im Augenblick nicht kann, aber dies gelingt mir immer noch.«

Und in der Tat kann ich ahnen, dass es ein weiteres Puzzleteil gibt, mindestens eines, das es zu entdecken gilt. Auf dem Teil, das jetzt seine Konturen annimmt, steht: »Ich kann Dinge, die ich nie zuvor beherrscht habe.«

Für diejenigen, die einen Energieverlust durchgemacht haben, stellt sich häufig ein Neuanfang ein, der das Leben in eine ganz andere Richtung führt.

Gott, gib mir den Mut, mich in das Unbekannte zu wagen,
und lass mich fühlen, was du für mich vorsiehst.
Sei in meiner Nähe, wenn ich alte, gewohnte
Muster und Routinen durchbrechen muss.
Ich empfinde Neugierde und freue mich
auf das, was kommen wird,
aber da sind auch Seelenqualen und ein Schmerz
über meine Entscheidung, das Bekannte zu verlassen.
Ich bin stark und schwach
zur gleichen Zeit.
Gott, steh mir bei
in den Zeiten des Aufbruchs.

Rückblick

Ich räume in den Bücherregalen und Schreibtischschubladen in meinem Zimmer auf. Das wird wirklich Zeit! Es muss Ewigkeiten her sein. Zwischen zwei Aktenordnern finde ich ein rotes Notizheft im DIN-A4-Format. Ich beginne zu blättern.

Nicht zu glauben, es ist beinahe fünfzehn Jahre her, dass ich diese Zeilen schrieb. Ich blättere weiter. Eine Mischung aus verschiedenen Notizen: Sitzungsprotokolle, geplante Vorhaben, einfache Gedichte. Der einzige rote Faden, den ich entdecken kann, ist die chronologische Folge. Auf einer Seite steht: *Ich befinde mich an der Grenze dessen, was ich leisten kann.*

Mit schwarzem Stift in mir bekannter Schrift steht dort ein Hilferuf, ein Seufzer, dass mir das Leben zu viel ist. Ich sehe, dass ich diese Zeile geschrieben habe, aber ich kann mich beim besten Willen nicht daran erinnern.

Mehr als vier Jahre nach meinem Zusammenbruch stoße ich auf diese Worte. Die Notizen sind beinahe fünfzehn Jahre alt. Ich rechne zurück und stelle fest, dass ich mich zehn Jahre, bevor ich meine Grenze überschritt, bereits an der Grenze meiner Möglichkeiten bewegte.

Irgendwo habe ich gehört, dass man halb so lange braucht, wieder zu Kräften zu kommen, wie es gedauert hat, sich aufzureiben. Zehn Jahre vor meinem Zusammenbruch schrieb ich in mein Notizbuch: »Ich befinde mich an der Grenze dessen, was ich leisten kann.« Der Verschleiß hat sich demnach über zehn Jahre erstreckt. Jetzt sind viereinhalb Jahre vergangen und ich habe das Gefühl, dass ich das Leben wieder zurückgewonnen habe. Es scheint zu stimmen, was ich gehört habe. Dass es so lange dauert!

Im Geschäft

Es ist Freitag und ich kann schon am frühen Nachmittag einkaufen. Es ist immer angenehm, schon gegen zwei dort zu sein. Dann sind die Schlangen noch nicht wochenendlang. Eine Frau mit einer roten Jacke steht in der Brotabteilung mit ihrem Einkaufswagen im Weg und ich sage:

»Entweder müssen wir Sie beiseite schieben oder den Wagen, damit ich vorbeikomme.«

Sie dreht sich um und lächelt:

»Hallo, Sie kaufen auch ein?«

Sie hat meine Stimme erkannt. Ich habe nicht gesehen, dass sie es war. Wir kennen uns von früher und sind uns gelegentlich in verschiedenen Situationen begegnet.

»Wie geht es Ihnen?«, frage ich, noch immer im gleichen forschen Ton.

»Es geht mir gut, danke«, antwortet sie, noch immer mit einem Lächeln. Dann fügt sie etwas leiser hinzu: »Ich bin krankgeschrieben.«

»Das hört sich aber widersprüchlich an. Es geht Ihnen gut und Sie sind krankgeschrieben«, sage ich etwas erstaunt.

Dann erzählt sie von der neuen Arbeit, die zu viel wurde, dem Tropfen, der das Fass zum Überlaufen brachte, für eine bereits überanstrengte Frau. Sie erzählt, dass sie seit ein paar Monaten wegen einer Erschöpfungsdepression krankgeschrieben ist und das noch eine ganze Weile sein wird. Sie sagt, dass sie sich im Augenblick ganz wohl dabei fühlt.

Ich denke zurück, wie es für mich war. Als ich am tiefsten in der Arbeit steckte, machte ich mir Sorgen, wie es gehen sollte, wenn ich krankgeschrieben würde. Am Anfang war es unglaublich schwer, Entspannung zu finden, aber nach einiger Zeit kam die Lebenslust zurück. Vielleicht kann die Frau, der ich im Geschäft begegne, deshalb im gleichen Atemzug sagen, dass es ihr gut geht und dass sie krankgeschrieben ist.

Die Ananasdose

Ich bin damit beschäftigt, das Sonntagsessen zu kochen. Heute gibt es Kasslerbraten mit Ananas und Jasminreis. Das ist ein gutes Gericht, schnell zuzubereiten, und alle essen es mit Begeisterung. Ich stehe allein an der Anrichte und höre, wie die Familienmitglieder im Hause ihren Beschäftigungen nachgehen.

Das Kassler ist aufgeschnitten und ich öffne die Dose Ananas. Ich lege die gelbe Ananas und das rötliche Kassler in die gefettete Form, gieße Sahne darüber, verteile etwas Käse darauf und schiebe alles in den Ofen. Schön sieht es aus! Der Reis ist bereits im Topf. Jetzt brauche ich nur noch einen frischen Salat zu machen und das Sonntagsessen ist fertig. Ich nehme die leere Konservendose in die Hand, um sie wegzuwerfen. Da kommt mir eine Idee:

Ich stelle mir vor, alle Worte, die schwer zu ertragen sind, zu sammeln, aufzuschreiben und in der Konservendose zu verbrennen.

Die Reise mit schwindender Energie, die ich durchgemacht habe, läuft wie ein Film vor mir ab. Heute kann ich sagen, dass ich die andere Seite erreicht habe, dass ich meine Batterien geladen oder die Quellen aufgefüllt habe, welches Bild auch immer meine Genesung beschreiben soll. Wenn ich zurückblicke, sehe ich vieles, das Schmerzen verursacht hat, das dunkel und schwer gewesen ist. Irgendwie möchte ich zeigen, dass es jetzt überstanden ist. Ablegen und weitergehen.

Ich schüttle die Gedanken ab, stelle die Dose auf die Anrichte und schneide das Gemüse für den Salat. Jetzt sind die roten Tomaten, die gelbe Paprikaschote, die grünen Salatblätter und eine Avocado kleingeschnitten und liegen gut vermischt in der Glasschüssel. Welch ein Farbtupfer zu dem schönen Essen! Ich stelle die Schüssel auf den Tisch und spüre, wie hungrig ich bin.

Ja, richtig, die Konservendose, denke ich und nehme sie wieder in die Hand, um sie wegzuwerfen. Aber ich behalte sie in der Hand und spiele weiter mit meiner Idee. Ich möchte Worte finden für all das Schwere, sie nacheinander formulieren, auf Zettel schreiben, einen Zettel für jedes Wort, und sie in meine kleine Konservendose legen.

Es zu wagen, die Wörter zu suchen und sie schwarz auf weiß zu formulieren, das brauche ich. Das wäre ein deutlicher Abschluss – zu sehen, was ich abwerfe und hinter mir lasse. Dann kann ich mich erheben und weitergehen, ohne schwere Lasten auf meinem Rücken. Mein Energieverlustfilm läuft weiter vor meinem inneren Auge ab. Manchmal ist er in Farbe, manchmal schwarzweiß, und dramatische Szenen enthält er zur Genüge.

Es zischt auf dem Herd. Der Reis kocht über. Ich gehe von der Anrichte zum Herd, schiebe den Topf zur Seite und schalte die Temperatur herunter. Ich wische mit dem Spüllappen weg, was übergekocht ist, und denke weiter darüber nach, welche Wörter ich aufschreiben würde. Die Ananasdose habe ich noch immer in der Hand. Viele Wörter würden es sein.

In Gedanken schreibe ich ein Wort auf und lege den Zettel in die Dose. So fahre ich fort, bis die Dose voll ist. Ein einziges Wort kann eine lange Kette von Assoziationen auslösen, ein einziges Wort kann starke Erinnerungen wecken. Ich formuliere ein Wort nach dem anderen, während der Film in meinem Inneren abläuft. Als alles, was ich zum Ausdruck bringen möchte, Form angenommen hat und die Zettel in der Dose liegen, zünde ich sie an.

Alle Wörter, diejenigen, die leicht zu schreiben waren und diejenigen, die schwer waren, diejenigen, von denen viele wissen und diejenigen, die nur ich kenne, alle verbrennen sie zu Asche.

»Mama, wann ist denn das Essen fertig? Ich habe so einen Hunger«, sagt mein Zwölfjähriger und steckt im Vorbeigehen den Kopf zur Küchentür herein.

Ich wache aus meinen Gedanken auf und antworte automatisch, denn das ist eine der Standardfragen:

»In fünf Minuten. Geh nicht mehr weg. Ich rufe, wenn das Essen fertig ist.«

»Gut«, sagt er zufrieden und setzt sich mit der Gitarre ins Wohnzimmer.

Ich atme einmal tief durch und seufze. Hier stehe ich mit der Dose in der Hand und habe eine Zeitreise hinter mir. Ich werfe die Dose in den Mülleimer, nehme die Form aus dem Ofen und fülle den fertigen Reis in eine Schüssel. Ich trockne mir mit dem Handrücken die Augen und rufe:

»Bitte zu Tisch! Das Essen ist fertig! Kann jemand Limonade und Bier mitbringen?«

Überlassen

Gott, ich öffne mich für dich.
Vor dein Angesicht hebe ich,
was ich zuvor verschlossen habe.

Alles, was halb und unfertig ist,
übergebe ich in deine guten Hände.

Alles, was missraten und verborgen ist,
überlasse ich deinen liebevollen Augen.

Alles, was dunkel und schmerzhaft war,
übergebe ich in deine guten Hände.

Jetzt öffne ich mich für deine Vergebung,
die es ermöglicht, zu leben.

Der natürliche Lebensrhythmus

Als es mir am allerschlechtesten ging, bekam ich eine wunderbare Orchidee geschenkt. Ich habe sie täglich beobachtet, um ihren Lebensrhythmus herauszufinden. Sie ist so reizvoll mit ihren schönen Blüten in Weiß und Lila. Die beiden Blumenstängel strecken sich dem Licht entgegen und die grünen Blätter breiten sich nach den Seiten aus.

»Diese Blume ist zäh und empfindlich, genau wie du«, sagte meine Freundin, als sie mir die Pflanze überreichte.

An diese Worte habe ich oft denken müssen. Meine Orchidee hält viel aus, wenn sie nur richtig behandelt wird. Sie muss an ihrem Platz stehen und in Ruhe gelassen werden. Ich gieße sie einmal die Woche, vielleicht alle zehn Tage. Dann muss ich sie vor direktem Sonnenlicht schützen. Sie braucht zum Gedeihen Dunkelheit und Licht, zu starker Sonnenschein schadet jedoch. Sie verträgt Wasser und Trockenheit, aber in der richtigen Dosierung. Sie blüht großartig, bricht aber leicht, wenn man unvorsichtig mit ihr umgeht. Kurz – bei guter Pflege verträgt sie fast alles.

Es ist wie mit mir – und wie mit allem Lebendigen: Man kann gleichzeitig zäh und empfindlich sein. Ich vertrage eine ganze Menge, aber um blühen zu können, muss ich das Gleichgewicht zwischen Licht und Dunkelheit, zwischen Auftanken und Ruhe finden.

Ich sehe mir oft meine Orchidee an, um herauszufinden, wie es mir geht. Wenn es mir gut geht, denke ich daran, meine Blume so zu pflegen, wie es am besten für sie ist. Wenn ich mich zu sehr hetze, lässt sie die Blätter hängen. Dann vergesse ich, die Jalousie herunterzuziehen, wenn das Sonnenlicht am stärksten ist, oder ich gieße sie häufiger, als sie es verträgt.

Das Leben hat seinen Rhythmus, Puls- und Herzschlag haben ihre Funktion. Die Sonne geht auf und geht unter. Tag und Nacht wechseln. Die Jahreszeiten ändern sich vom Frühling über den Sommer zum Herbst und zum Winter. Aus Samen werden Blumen, die Früchte bilden. Alles Leben hat einen Rhythmus, in dem Anspannung und Ruhe sich ablösen. Die Schneeglöckchen blühen nur im Frühjahr. Die Bäume werfen im Herbst ihre Blätter ab.

Für manche führt Energieverlust zu ständiger Anspannung und Schlaflosigkeit, andere können sich überhaupt nicht mehr bewegen und wollen nur schlafen. Wie auch immer der Verschleiß zum Ausdruck kommt – er weist darauf hin, dass der Lebensrhythmus gestört ist.

Wenn ich mich abhetze und meine Bedürfnisse auszuschalten versuche, missbrauche ich das Leben, das mir geschenkt wurde. Wenn alles Leben seinen eigenen Atem hat, was lässt mich dann glauben, dass ich mich über die Schöpfung Gottes hinwegsetzen kann?

Es gibt Spielräume. Sie wurden uns als Reserve gegeben, damit wir das Unerwartete bewältigen, uns noch ein wenig weiter strecken können, damit wir noch ein wenig stärker werden, um besser kämpfen oder schneller fliehen zu können. Aber diese Reserven sollen wir nicht nicht ständig anzapfen – sie sind für den Notfall vorgesehen.

Loslassen

Es ist schwer, loszulassen. Es zu wagen, etwas an andere abzugeben. Das ist, als übe man sich im Sterben. Irgendwann müssen wir alle das Leben loslassen. Kurz vor seinem Tod sagte Jesus zu Gott: »In deine Hände übergebe ich meinen Geist.« Jeden Tag müssen wir uns darin üben, abzugeben.

Wer Aufgaben an andere delegiert, gibt ein Stückchen von seinem Leben ab. Dann muss man loslassen. Man kann Aufträge nicht weitergeben, wenn man dem anderen anschließend alle zwei Minuten zur Kontrolle über die Schulter schaut. Oder einschreitet, wenn es nicht gut geht. Oder den Auftrag zurücknimmt, wenn er zu wichtig wird oder so interessant, dass man ihn ganz einfach nicht abgeben möchte.

Ich erziehe, um abzugeben, pflege ich in Bezug auf meine Kinder zu sagen. Manchmal halte ich mich nicht daran. Dann möchte ich über sie bestimmen, entscheiden, mit der Faust auf den Tisch schlagen und sie zwingen, sich nach mir zu richten, statt dass ich auf ihre Wünsche und Bedürfnisse höre und mir überlege, wie ich sie begleiten und ihnen angemessene Wege zeigen kann. Ich muss mich immer wieder darum bemühen, meinen Mitmenschen mit Würde und Respekt zu begegnen – ebenso wie auch ich es brauche, mit Würde und Respekt behandelt zu werden.

Als ich nicht mehr in der Lage war, meine Arbeit auszuführen, war es wichtig für mich, die Zeit der Krankschreibung anzutreten, ohne meine Würde zu verlieren. Wenn ich jetzt zurückblicke, wie ich mich bei meiner Arbeit verhielt, als es mir am schlechtesten ging, frage ich mich im Nachhinein manchmal, ob ich andere Menschen immer mit Respekt und Würde behandelt habe. War mein Einsatz noch von Nutzen oder war ich so verschlissen, dass ich für die Menschen, denen ich helfen wollte, nur ein Hindernis war? Ich möchte es so sehen, dass ich aufgegeben habe, bevor ich die Grenze der Würde überschritt.

Ich muss den Anspruch ablegen, jemand anderes zu sein, als ich tatsächlich bin. Loszulassen bedeutet, die Waffen niederzulegen und zu akzeptieren, dass ich bin, wie ich bin. Man muss sterben, um wiederauferstehen zu können. Diesen Weg zeigt mir der lebendige Christus. Diese Wahrheit möchte ich meinem Leben zugrunde legen.

Vertrauen zu haben und loszulassen gehört zusammen. Ebenso glaube ich, dass Kontrolle und Angst zusammengehören. Meine größte Stärke ist jetzt, dass ich es wage, Schwäche zu zeigen.

Zeitpuffer

Um die Arbeit bewältigen zu können, um den Willen dazu zu haben und Freude darin zu finden, muss es auch Raum für etwas anderes geben: Die Arbeit nimmt nicht nur Zeit in Anspruch, während sie ausgeführt wird. Man benötigt auch Zeit darum herum.

Zeit zum Vorbereiten und Zeit zum Nachbereiten. Um meine Arbeit bewältigen zu können, brauche ich zwischen den einzelnen Arbeitsabschnitten Zeitpuffer.

Es reicht nicht, eine Viertelstunde hier und eine halbe Stunde dort abzuknapsen. Ich brauche Freiräume, um einfach nur zu sein. Das muss ich berücksichtigen, sobald ich anfange, ein Projekt zu planen. In meinem Kalender muss ich frühzeitig Freiräume reservieren, wenn die Stunden nicht nach und nach mit Arbeit gefüllt werden sollen. Um Platz für wirkliche Zeitpuffer zu schaffen, die nicht nur zu kurzen Augenblicken hier und da zusammenschrumpfen, kann man ZP – Zeitpuffer – eintragen. Das macht den Eindruck, als wäre man mit wichtigen Dingen beschäftigt. Zeitpuffer sind wichtig.

Es gibt nur eine Möglichkeit, sich selbst eigene Zeit einzuräumen, Zeit, um nur zu sein. Man muss sie einplanen, bevor alles andere auf einen einstürzt. Dazu braucht man den Mut, nein zu sagen. Wenn ich beispielsweise einen Zahnarzttermin habe und jemand möchte mich in dieser Zeit für etwas anderes einsetzen, ist es ein Leichtes, nein zu sagen. Ebenso deutlich muss ich mit meinem Nein sein, wenn es darum geht, die Zeit zu behalten, die ich mir selbst widme. Mit sinnvollen Zeitpuffern kann ich meine Aufgaben besser und wirkungsvoller ausführen.

Zwischenraum

Zwischenraum
Spielraum
Atem holen
Pause.

Nach einem Punkt
und vor einem neuen Satz
mit einem großen Buchstaben
muss man
atmen,

sonst stirbt man
allmählich
an Sauerstoffmangel.

Zwischenraum
Spielraum
Atem holen
Pause.

Stille

Stille ist in unserer Zeit Mangelware. Von überallher kommen Geräusche, von dem Augenblick an, da der Wecker klingelt oder der Radiowecker sich einschaltet, bis wir den Fernsehapparat ausschalten und ins Bett gehen. Es gibt Geräusche, die wir kaum wahrnehmen, wie zum Beispiel Ventilatoren oder andere technische Geräte. Dann gibt es Geräusche, die wir sehr wohl registrieren, wie Gespräche, Musik oder das Klingeln des Telefons. Wenn in den Warenhäusern schon nach Allerheiligen im November Weihnachtsmusik gespielt wird, werde ich daran erinnert, dass es Geräusche gibt, die ich mir nicht selbst aussuche. Ebenso, wenn die Teenager ihren Lieblingssender im Radio einschalten oder CDs auflegen.

Wenn ich erschöpft bin, brauche ich Ruhe – und Stille. Wenn die Frage »Wie geht's?« mit »Es ist mir alles ein bisschen viel im Moment!« beantwortet wird und ich diese Antwort ständig gebe, sind Anspannung und Entspannung aus dem Gleichgewicht geraten. Körper und Seele brauchen Ruhe vor unaufhörlichen Eindrücken, brauchen Zeit, um nur zu sein. Um zu vermeiden, dass ich im Grenzbereich meiner Möglichkeiten lebe, kommt mir die Stille zu Hilfe. Wie lächerlich simpel das ist! Wenn es mir am schwersten fällt, still zu sein und dort zu sein, wo Stille herrscht, brauche ich sie vielleicht am allernötigsten. In der Stille merke ich, wie gestresst ich bin. Je ruhiger ich bin, desto mehr genieße ich die Ruhe. Es kann auch dazu kommen, dass sich mein Zeitgefühl ändert. Ich habe es im Leben immer viel zu eilig gehabt. Sollen wir wirklich wie Tornados durch unser Leben preschen? Soll unser ganzes Leben ein einziges »Ich-muss-eben-noch« sein, hervorgehechelt zwischen Ein- und Ausatmen? Soll mein Leben darauf hinauslaufen, dass ich in Gedanken immer irgendwo anders bin, als ich tatsächlich bin?

Als Kinder kennen wir nur eine einzige Zeit und die heißt JETZT. Während wir heranwachsen, wird uns von den Erwachsenen die Kunst des Wartens beigebracht. Es kann nicht alles gleichzeitig getan werden. Manchmal muss man warten, warten, bis man an der Reihe ist, warten, bis man groß ist, warten auf Weihnachten und so weiter. Als Erwachsene sind wir dann so geübt im Warten, dass es häufig auf Kosten der Fähigkeit geht, in der Gegenwart präsent zu sein. Wie kann ich lernen, die Erfahrungen der Jahre zu nutzen, um die Möglichkeiten der Sekunden wahrzunehmen? In meinen Träumen gibt es keine Zeit. Ich träume in der Gegenwart. Das Dasein ist ein einziges Jetzt. Kann das ein Vorgeschmack des Himmels sein?

In der Stille gibt es niemanden, der hinter mir herhechelt oder mich zu ständiger Eile antreibt. In der Stille hat es keinen Sinn, gehetzt hervorzustoßen: »Ich muss nur noch eben ...« In der Stille darf ich sein, mich in Vertrauen und dem Gefühl von Geborgenheit üben. Ich brauche keine vollkommene Kontrolle über das Leben zu haben – niemand ist dazu in der Lage, auch wenn wir alle das Bedürfnis haben, zu planen und Einfluss zu nehmen. Ich kann mich stattdessen darin üben, den Rhythmus des Lebens kennen zu lernen, ihm zu folgen und ihn zu nutzen. Nicht darum kämpfen, ihn zu beherrschen. Das gibt mir auch die Möglichkeit, mich selbst besser kennen zu lernen. Wenn um mich herum Stille herrscht, ist es leichter, nach innen zu lauschen.

Das Gespräch

Gespräche haben eine heilende Wirkung. Sie können befreien und aufbauen. Miteinander zu sprechen, zu geben und zu nehmen, zuzuhören und zu reden, öffnet neue Welten. Wenn das Gespräch zu einer wirklichen Begegnung wird, kann aus eins plus eins drei werden. Zwei können zusammen mehr ausrichten als jeder Einzelne für sich. Ein Gespräch zu zweit ist besonders Gewinn bringend. Es ist möglich, ein Gespräch mit mehr als zwei Personen zu führen, aber je größer die Gruppe ist, desto mehr tendiert das Gespräch dazu, in Gerede überzugehen.

Wie oft reden wir einfach aneinander vorbei! Wir erzählen von unseren eigenen Dingen und legen uns schon zurecht, was wir sagen wollen, wenn der andere fertig gesprochen hat, anstatt zuzuhören, was der Gesprächspartner uns sagen möchte. Oder wir nutzen sofort die Gelegenheit, das Wort zu ergreifen, wenn unser Gegenüber eine Pause macht, um Atem zu holen. Es ist ein Unterschied, ob man miteinander spricht oder aneinander vorbeiredet.

Indem wir zuhören und sprechen, wird das Gewebe des Lebens weitergewoben. Mit einem Gesprächspartner kann ich meine Gedanken formen, sie meinem Gegenüber zuwerfen und wieder auffangen, gefärbt durch dessen Art zu denken. Ein Gesprächspartner kann ein Spiegel für mich sein, mir zuhören und zurücksenden, was ich selbst vermitteln will. In gleicher Weise will auch ich für meine Freunde da sein.

Die Gesprächstherapie ist ebenfalls ein Geben und Nehmen, aber dabei stehe ich selbst im Mittelpunkt. Der Therapeut ist nur für mich da. Ich spreche an, was ich will. Nichts ist zu banal, nichts ist zu schwer. Der Therapeut folgt mir in meinem Rhythmus, sieht mich, bestätigt mich. Ich hole alle Gespenster unter meinem Bett hervor, leere alle muffigen Schränke, stelle alle unlösbaren Fragen. Ein gutes Gespräch ist wie eine Beichte mit anschließender Sündenvergebung.

Es ist, als würde ich ein Kind gebären. Der Therapeut sitzt an meiner Seite, eine Hebamme, die in meinem Rhythmus atmet, mein Gebären bestätigt. Der Therapeut kann mir die Arbeit nicht abnehmen, die muss ich selbst erledigen, aber er kann mir mit seinem Fachwissen und seiner Erfahrung zeigen, dass es einen Weg gibt. Das Leben ist in Bewegung und ich kann es wagen, seinem Rhythmus zu folgen. Ich kann fühlen, was ich fühle, die Schmerzen so schmerzhaft sein lassen, wie sie tatsächlich sind, und es wagen zu glauben, dass all dies zum Leben führt.

Mit Freunden zu sprechen, kann auch heilsam sein. Jemanden zu haben – viele können es nicht sein –, der für mich da ist, wenn ich Hilfe brauche, und für den auch ich da sein kann. Bekannte können wir viele haben, doch Freunde kann es nur wenige geben. Auf Freunde kann man sich verlassen, er oder sie würde mich niemals auslachen, aber gerne mit mir lachen. Ein Freund kann mit Fingerspitzengefühl erfassen, wer ich bin und was ich brauche. In der Freundschaft sind wir füreinander da, mal sind wir der Stärkere, mal sind wir der Schwächere, mal erwachsen, mal unreif. Zwischen guten Freunden findet häufig eine merkwürdige Abstimmung statt. Sie sind da, wenn ich sie am meisten brauche, lachen mit mir, weinen mit mir oder sind einfach nur anwesend – und sie wissen mit geradezu hellseherischer Sicherheit, was zu tun oder zu unterlassen ist.

Beieinander zu sein, in freundschaftlicher Weise, ist viel wert. Dann kann auch das Merkwürdige geschehen, dass die Gemeinschaft in der Stille bestärkt wird. In der Freundschaft gibt es Platz für Gespräche, es gibt den Mut, sowohl zuzuhören als auch zu sprechen, aber es gibt auch die Möglichkeit, einfach in stillem Einverständnis beieinander zu sein.

Auch der innere Dialog ist hilfreich. Ich übe mich darin, in mich hineinzuhören, versuche auszudrücken, was ich fühle und denke, und auf meine eigenen Antworten zu lauschen. Ich bin darin geübt, anderen zuzuhören, aber mir selbst zuzuhören ist Neuland für mich. Das gute Gespräch mit mir selbst hat eine heilende Kraft. Allein zu sein ist bereichernd.

Auch das Gespräch mit dem Ursprung allen Lebens hilft mir zu genesen. Das Gespräch meines Herzens mit Gott ist die Quelle meiner Kraft. Wenn ich bete, gehe ich nicht nur tief in mich hinein, sondern ich gehe auch aus mir heraus. Das Gespräch mit Gott hilft mir, meinen Blickwinkel zu erweitern. Die Hoffnung hat ihren Ursprung im Gebet.

In den schwersten und dunkelsten Stunden, wenn die Kraft auf Sparflamme brennt und der Mut sinkt, hilft mir das Gespräch mit Gott. Wie gut, dass Gott mein Ringen aushält. Irgendwo muss ich meine Gefühle zum Ausdruck bringen dürfen. Jemand muss meinen Kampf mit dem Leben in all seinen Formen aushalten, auch die dunklen Seiten meines Daseins. So kann mein Gebet aussehen:

Gott, du musst ertragen, dass ich bin, wie ich bin.
Ich kann nicht sehen, dass es
einen Weg aus dem Dunkel gibt,
aber ich will glauben, dass es ihn gibt.
Gott, trage mich durch die Finsternis.

Aber oft fallen auch keine Worte. Das Gespräch ist dann stille Anwesenheit, wie wenn Mutter oder Vater am Bett sitzen und nur ihr Atem zu hören ist und das Kind ihre Körperwärme und ihren Geruch erahnen kann. Das kann genügen, um ruhig einschlafen zu können.

Manchmal brauchen wir Medikamente, um Körper und Seele auf dem Weg zu unterstützen, aber wir benötigen auch das gute Gespräch. Über den Verschleiß und die Wunden zu sprechen, kann Heilung bringen. Es kann ein Gespräch mit Freunden, mit einem Therapeuten, mit mir selbst oder mit Gott sein. Das Gespräch ist fruchtbar, wenn es von Vertrauen getragen wird. Manchmal erleben wir, dass wir uns selbst ausliefern, ohne dass andere mit diesem Vertrauen umgehen können. Wenn das, was ich im Vertrauen erzähle, nicht mit Mitgefühl aufgefangen, sondern an andere weitergegeben wird, kann ich den Mut verlieren, etwas von mir zu geben. Aber trotzdem will ich es erneut versuchen. Ich habe keine bessere Hilfe auf dem Weg der Genesung finden können als das gute Gespräch.

Abschließen

Ich bin gerade dabei, Artischocken mit den Fingern zu essen, als das Telefon klingelt.

»Es ist ein Missgeschick passiert. Niemand ist hier, der den Gottesdienst leiten kann, und die Leute sind schon da. Kannst du kommen?«

Wenn eine Notlage eintrifft, heißt es alles liegen zu lassen. Innerhalb von fünf Minuten kann ich dort sein.

»Ja, ich komme«, antworte ich und denke gleichzeitig darüber nach, was ich alles mitnehmen muss. Ich überlege, ob ich zu Fuß gehe oder mit dem Fahrrad fahre. Ich lasse das Fahrrad stehen und gehe zu Fuß. Das dauert etwas länger, aber ich brauche diese Minuten, um mich auf das einzustellen, was mich erwartet.

Ab und zu können wir alles stehen und liegen lassen und eine Aufgabe übernehmen, ohne Zeit zu haben, uns darauf vorzubereiten. Das kostet Kraft, aber es geht. In der Regel sind die Leute dankbar, dass wir ihnen zur Verfügung standen. Solche Gelegenheiten erinnern uns daran, wie wichtig die Vorbereitungszeit ist. Sich nach getaner Arbeit einen Augenblick hinsetzen zu können, Papiere und Gedanken zu sortieren und ein paar Worte mit einem Kollegen oder einem guten Freund zu wechseln, auch das ist wertvoll. Weder Vorbereitungszeiten noch Nachbereitungszeiten sind für andere deutlich zu sehen. Es gibt sicher Menschen, denen es auffällt, ob wir gründlich vorbereitet sind, zumindest wenn sie uns gut kennen. Auf die Dauer wird zu spüren sein, ob wir uns vor und nach unseren Aufgaben Zeit nehmen. Aber wenn die Zeit knapp bemessen ist, neigt man dazu, sich etwas vorzumachen und zu denken, dass man sich die Vor- und Nachbereitungszeit sparen kann, um mehr zu schaffen.

Wenn ich unter Druck stehe und nicht alles unterbringen kann, was ich mir vorgenommen habe, dann streiche ich zuerst die Zeit, die ich darauf verwende, Aufgaben abzuschließen, zu bearbeiten und zu durchdenken. Als Nächstes ist die Vorbereitungszeit an der Reihe. Die Vorbereitung zu kürzen, schafft auch scheinbar mehr

Zeit im Kalender. Danach ist keine Zeit mehr zu finden, die gestrichen werden kann. Aber wer schafft es, eine Aufgabe nach der anderen hinter sich zu bringen, ohne jede Vorbereitung und anschließende Reflexion?

Im Grenzbereich verlieren wir die Fähigkeit einzuschätzen, was wir an Kraft verbrauchen und wie viel wir auffüllen. Ich habe allzu oft gefühlt, dass ich nicht genügend vorbereitet war und dass ich das nicht abschließen konnte, womit ich gerade beschäftigt war. Für diejenigen, die ihre Energien verbraucht haben, weil zu viel gleichzeitig ablief, heißt die Übung: eins nach dem anderen. Ruhig und geordnet. Beginnen, durchführen und abschließen. Schritt für Schritt.

Ein Schritt zu meiner Gesundung ist, mich darin zu üben, Dinge abzuschließen. Es kann sich um so einfache Tätigkeiten wie das Staubsaugen des Wohnzimmers handeln. Wenn ich mir überlegt habe, was ich tun will, dann tue ich das und nichts anderes. Werde ich vom Telefon unterbrochen, gehe ich zurück und mache weiter, wo ich aufgehört habe, und ich bleibe dabei, bis ich fertig bin, bevor ich mit dem nächsten Projekt beginne.

Gott, lehre mich die Kunst zu warten,
warten mit aufmerksamer Seele.
Gott, lehre mich, zu warten in der Gewissheit,
dass du immer mein Bestes willst.

Gott, lehre mich die Kunst zu ruhen,
im Vertrauen zu ruhen.
Gott, lehre mich zu ruhen in der Gewissheit,
dass du mir hier und jetzt hilfst.

Gott, lehre mich die Kunst zu sein,
in dem zu sein, was hier geschieht.
Gott, lehre mich zu sein in der Gewissheit,
dass du mich liebst und mich siehst.

Grenzen setzen

Die Kunst, nein zu sagen

Wie kann es dazu kommen, dass die Erwartungen anderer zu Forderungen werden? Wie kommt es dazu, dass die Fragen anderer, die unserer Arbeit gelten, störend wirken können? Warum kann uns eine vergessene Sporttasche verärgern?

Ich blicke zurück, wie es mir in den Jahren der Verausgabung ergangen ist. Manchmal habe ich mich frustriert gefühlt, als ich dumme oder unbedachte Sprüche zu hören bekam, doch meistens handelte es sich um mein eigenes Verhalten. Sind die Mitmenschen für mich eher eine Bedrohung als eine Möglichkeit, dann ist das ein Warnsignal, das ernst zu nehmen ist. Dann ist es an der Zeit herauszufinden, warum ich auf diese Weise fühle und reagiere.

Das Gleichgewicht zwischen meiner Reaktion nach außen und meinen Gefühlen im Inneren ist gestört. Es ist nicht ehrlich, zu meinem Nächsten ja zu sagen und anschließend zusammenzubrechen, weil ich es nicht schaffe. Ich kann mir einbilden, dass die anderen mich als diejenige sehen, die immer bereit und fähig ist einzuspringen. Vielleicht ist es gar nicht so. Vielleicht sehen die anderen durchaus, dass ich mich selbst überfordere und Aufgaben übernehme, denen ich nicht gewachsen bin.

Wenn ich eine Änderung erreichen will, muss ich bei mir selbst anfangen. Ich kann mich selbst verändern, was wiederum zu Veränderungen außerhalb meiner selbst führen kann. Meine Art zu sein und zu handeln kann Menschen um mich herum beeinflussen, aber ich kann nicht bestimmen, wie andere sich zu verhalten haben. Wenn ich nicht sicher bin, dass ich zumindest einigermaßen die Kontrolle über mein Dasein habe, sowohl bei der Arbeit als auch zu Hause, nimmt der Stress zu. Mit zunehmendem Stress verschiebt sich der Blickwinkel. Die Kraft, die ich früher für Aufgaben und Begegnungen mit Menschen aufwenden konnte, richtet sich nach innen und verursacht Unruhe und ein Gefühl von Machtlosigkeit. Die Kraft entströmt in die falschen Dinge, Dinge, die einen entleeren und nicht auffüllen.

Eine Hilfe bei der Genesung ist das Erlernen der Kunst, nein zu sagen. Ich nenne das eine Kunst, denn es ist eine Kunst. Das Wort nein auszusprechen ist ein Leichtes. Hingegen nein zu sagen, wenn es notwendig ist, und außerdem die Konsequenzen dieses Neins zu tragen, ist nicht leicht.

Wenn ich es am nötigsten brauche, nein zu sagen, fällt es mir in der Regel am schwersten. Ein Grund dafür ist, dass ein Nein zum gegebenen Zeitpunkt mehr von mir verlangt als ein Ja. Mein Ja löst zumeist eine positive Reaktion aus. Ich selbst fühle meine Bereitwilligkeit oder zumindest, dass ich mich nicht stur stelle. Ja zu sagen geht schnell und Zeit ist viel wert. Mein Nein erfordert mehr Kraft und mehr Zeit. Es verlangt häufig eine Begründung. Derjenige, der mich um etwas bittet, hat das Recht nachzufragen. Vielleicht versucht er oder sie, mich zu überreden, oder stellt aufdringliche Fragen, die mit warum beginnen, dem Wort der Enttäuschung. Noch eine Frage zehrt sehr an dem Gestressten, der es gewöhnt ist, sich selbst der Aufgaben anzunehmen, damit sie auch wirklich ausgeführt werden: »Wer soll das sonst erledigen?«

Ich muss die Kunst erlernen, nein zu sagen. Ein Erinnerungszettel mit dem Wort aus vier Buchstaben kann am Telefon, an der Haustür oder im Auto kleben. Wenn man zögert, nein zu sagen, ist es hilfreich, sich die Frage zu stellen: Was kann schlimmstenfalls passieren?

Um herauszufinden, ob es notwendig ist, nein zu sagen, kann man auch Listen schreiben. Eine Variante sind PMI-Listen. PMI steht für Plus – Minus – Interessant. Ich versuche aufzuschreiben, wie meine Arbeit aussieht. Was steht auf der Plus-Seite? Was gehört zur Minus-Seite? Was ist wirklich interessant? Die dritte Frage hilft mir, Lust und Freude in meiner Tätigkeit zu finden.

Eine andere Variante ist der Versuch, schriftlich zu formulieren, wie meine Arbeit und mein Privatleben dem Kalender nach im kommenden Monat aussehen werden. Ich schreibe das auf, was ich sicher weiß (so Gott will und ich lebe), aber auch das, was eventuell eintreffen kann. Auf diese Weise kann ich mir ein Bild machen, wie meine Zeit im kommenden Monat eingeteilt sein wird. Nicht zu vergessen ist, dass alle Menschen vierundzwanzig Stunden pro Tag zur Verfügung haben und dass ungefähr ein Drittel davon dem Schlaf gewidmet werden sollte.

Zu jeder Aufgabe, zu der ich Stellung nehmen muss, kann ich dann die Frage an mich selbst richten: Ist es vernünftig, ja zu sagen? Wenn ich keine Wahl habe und ja sagen muss, werde ich vermutlich zum Ausgleich eine Aufgabe finden müssen, zu der ich nein sagen kann. Wenn ein Nein vernünftiger ist: Gibt es jemanden, der die Aufgabe übernehmen kann? Ist es meine Verantwortung, für Ersatz zu sorgen? Wenn ich nach meinem Ermessen nicht ja sagen kann oder sollte, muss ich ganz einfach nein sagen und es dem Fragesteller überlassen, weiterzusuchen. Ich brauche das Dilemma des Fragestellers nicht auf mich zu nehmen. Ich bin für meine Grenzen verantwortlich und mein Nächster für seine.

Gott, lehre mich ehrlich zu sein,
so dass mein Ja ein Ja ist
und mein Nein ein Nein.
Gott, zeige deine Absicht mit meinem Leben.
Gib mir die Gnade, zu verstehen,
wie ich dir dienen kann.

Meer und Strand

Es ist dreißig Grad warm, die Sonne scheint, ich liege im weichen Sand und genieße das Leben in vollen Zügen. Unsere Familie macht eine Woche Urlaub auf Zypern, zusammen mit meinen Eltern und meinen Geschwistern mit ihren Familien. Zu Hause gehen andere im regnerischen Oktoberwetter ihren alltäglichen Beschäftigungen nach, während ich mit einem Teil meiner nächsten Verwandten Sonnenurlaub mache.

Ich denke über mein Leben nach. Wie gut ich es doch habe! Ich liege hier am Strand, umgeben von Menschen, die ich liebe und die mich lieben. Auch zu Hause gibt es Verwandte und Freunde, die wichtig für mich sind und denen ich, wie ich zu glauben wage, ebenfalls etwas bedeute. Ich sehe mich um in unserer bunten Schar.

Wir haben nichts Besonderes vor. Wir sonnen uns, essen, gehen spazieren, und trotzdem ist die Reise ein Abenteuer. Sie wird zum Abenteuer, denn wir gehen gemeinsam auf Entdeckung, miteinander. Ich spiele mit dem Kreuz an meiner Halskette. Gestern Abend sind wir durch die schmalen Gassen von Agia Nagas gewandert und haben das eine und andere eingekauft. Dort habe ich das Kreuz erstanden, das ich jetzt trage. Es ist ein kleines Silberkreuz, mit blaugrünem Email überzogen – die gleiche Farbe, in der das Mittelmeer schimmert, wenn das Sonnenlicht in einem bestimmten Winkel darauf fällt.

Ich fühle, wie gut es mir tut, hier mit meinen Lieben zu sein. Der Sand am Strand ist warm und weich. Vor mir breitet sich das Meer bis ans Ende der Welt aus, so kommt es mir vor. Wenn es mir zu warm wird, gehe ich ins Wasser und schwimme so weit und so lange, wie es mir gefällt. Ich kann beliebig lange im Wasser bleiben, denn es ist so warm, dass ich nicht friere. Ich bin einfach nur da; außerdem ist das Wasser so salzhaltig, dass man mühelos darin schwebt. Manchmal schwimme ich allein, manchmal sind wir zu mehreren. Mit den kleinen Kindern wird im flachen Wasser gespielt. Sind wir mehrere gute Schwimmer, begeben wir uns hinaus ins Tiefe und versuchen zu erspähen, was es auf dem Meeresboden zu entdecken gibt. In diesem einfachen Tagesablauf, der für uns zur Festwoche wird, finden wir Abenteuer und Entspannung in der Natur.

Ich stehe auf und streiche mir den Sand vom Körper, um zur Dusche zu gehen.

Sand ist der Inbegriff von Sommer, denke ich. In meiner Kindheit haben wir viel gebadet. Die Eltern ließen alles stehen und liegen und gingen mit uns Kindern und unseren Freunden an den Strand. Dort badeten wir, bauten Sandburgen und tranken Saft.

Überall war Sand; am Strand, im Meer, im Saft. Das gehörte dazu. Für mich ist der Sand nichts Negatives, er ist ein Teil des Erlebnisses.

Ich dusche und gehe zu den anderen zurück. Auf dem Rückweg sehe ich mir unser Strandlager aus einer gewissen Entfernung an. Wie kommt es, dass dies dein Platz ist und dies meiner? Wo verläuft die Grenze? Was zeigt an, dass ausgerechnet wir zusammengehören und diesen Platz einnehmen? Ich sehe mich um und überlege weiter. Wir reisen unzählige Kilometer und kommen in die Sonne. Hier geschieht eine Verwandlung. Die Kleider fallen, Badeanzüge werden angezogen. Wer macht schon zu Hause nur in der Unterwäsche die Tür auf, wenn es klingelt? Hier ist es vollkommen in Ordnung, nur leicht bekleidet zu sein.

Wir brauchen nicht loszuhetzen, um Termine einzuhalten. Wir liegen in der Sonne, kaufen etwas zu trinken oder gehen baden. Wir lesen, lösen Kreuzworträtsel, unterhalten uns oder schlafen. Wir können auch wach sein und still nebeneinander liegen. Kinder, Jugendliche und Erwachsene sind zusammen am gleichen Ort. Meer und Strand verändern uns.

Ein paar Wörter fügen sich in meinem Kopf zusammen. Ich gehe an meinen Platz und krame die Abendzeitung mit dem Kreuzworträtsel hervor, die ich von zu Hause mitgenommen habe. Dann suche ich im Außenfach des schwarzen Rucksacks. Neben der Sonnenbrille finde ich den Kugelschreiber. Ich schreibe schnell, bevor die Worte verschwinden: *Der Sand liegt weich und warm, lädt zur Ruhe ein. Meer und Strand, Schimmer von himmlischer Hand, helfen, dem Druck zu entrinnen.*

»Können wir nicht ein paar Brote essen gehen und etwas trinken?«, fragt mein älterer Bruder.

»Gute Idee«, antwortet Vater, »ich habe auch Hunger.«

Einer nach dem anderen versteht, was los ist. Es braucht eine Weile von der Idee bis zum Beschluss und vom Beschluss zur Tat. Wir sind viele, die eingesammelt werden müssen. Ich lege meine zerknitterte Zeitung in den Rucksack und gehe mit den anderen los. Ich vergesse meine Überlegungen, denn jetzt heißt es, für jeden das richtige Essen zu kaufen und für alle einen Sitzplatz zu finden.

Nach dem Essen gehen wir zurück zu unserem Strandlager. Ich lege mich auf meinem Handtuch zur Ruhe und gehe wieder meinen Gedanken nach. Wir sind viele, denen es gut tut, Abstand zum Alltagsrhythmus zu finden. Hier können wir alle Forderungen abstreifen und einfach nur sein.

Ich denke an das Leben, das ich hinter mir gelassen habe, und spüre ein wenig Wehmut im Herzen. Gleichzeitig ist mir auch bewusst, dass das Leben immer in Bewegung ist. Es gibt Dinge, die ich hinter mich bringen muss, und es gibt Dinge, die mich erwarten. So ist das Leben, nicht nur für mich. Manchmal bilden wir uns ein, dass wir Kontrolle ausüben können. Wir planen und gehen davon aus, dass alles so sein wird, wie wir es uns gedacht haben. Plötzlich nimmt das Leben einen anderen Lauf und wir stehen überrumpelt, enttäuscht, verärgert oder erstaunt daneben und können nur zuschauen.

In meiner schwersten Zeit, als ich mir nicht vorstellen konnte, wie sich mein Leben in Zukunft gestalten würde, war es mir ein Trost, zu denken: »So ist das Leben für alle. Niemand weiß etwas über den morgigen Tag, selbst wenn wir planen und träumen.« Manchmal sehen wir deutlicher als sonst, dass das Leben eine Gabe ist, die uns ständig entgegenkommt.

Ich blicke zurück und freue mich daran, dass mir das Leben wiedergegeben wurde. Es gibt Dinge, die ich auf meiner Reise abtreten musste, aber es gibt auch Dinge, die mir gegeben wurden.

Ich genieße den Urlaub und die Regeneration, denke ich, und plötzlich fällt mir auf, was Regeneration bedeutet. Re-generation, Wieder-Geburt, Neu-Belebung, Neues schaffen und neu erschaffen werden. Hier genießen wir Urlaub und Erholung. Alle Menschen müssen an dem Wunder der Wiedererstehung teilhaben, um leben zu können.

Am Abend nehmen die Worte Form an und werden zum Antistress-Psalm:

Der Sand liegt weich und warm,
lädt zur Ruhe ein.

Das Meer glitzert spiegelblank,
die Zeit hört auf zu eilen.
Meer und Strand,
Schimmer von himmlischer Hand,
helfen, dem Druck zu entrinnen.

Die Wellen schlagen rhythmisch ans Ufer,
nur dieser Takt zählt.
Die Zeit gehört mir allein.
Hier kann der Stress verheilen.
Meer und Strand,
Schimmer von himmlischer Hand,
helfen, dem Druck zu entrinnen.

Sand und Tropfen in der Natur
öffnen mich fürs Leben,
halten den hektischen Teufelskreis an,
lehren mich das Gegebene anzunehmen.
Meer und Strand,
Schimmer von himmlischer Hand,
helfen, dem Druck zu entrinnen.

Die Sonne wärmt ewige Strände,
schenkt mir ihre Glut.
Gott gibt Wärme, Gott gibt Lust,
gibt mir die Kraft zum Leben.
Meer und Strand,
Schimmer von himmlischer Hand,
helfen, dem Druck zu entrinnen.

Gott, der du Sand und Meer erschaffst,
gib mir das Leben zurück.
Lass in mir wieder erstehen,
was verbraucht ist.
Meer und Strand,
Schimmer von himmlischer Hand,
helfen, dem Druck zu entrinnen.

Die Grenzen finden

Grenzen. Wahrnehmen, wo meine enden und deine beginnen. Manchmal ist es schwierig, den Unterschied zu erkennen. Was beinhaltet deine Botschaft und wie fasse ich sie auf? Wenn ich müde und verbraucht bin, kann es geschehen, dass ich die Gefühle anderer übernehme. Jeder hat das Recht, frustriert, verärgert und traurig zu sein, aber deswegen muss *ich* es nicht sein. Wenn ich überfordert bin, wenn Geben und Nehmen aus dem Gleichgewicht geraten sind, können die Erwartungen anderer in Forderungen verwandelt werden, kann die Verärgerung anderer zu meiner Unzulänglichkeit werden.

Wenn ich bei anderen zu Veränderung beitragen möchte, muss ich als Erstes mich selbst verändern. Ich kann niemals andere Menschen verändern, aber wenn ich mich selbst ändere, geschieht auch etwas mit meinen Mitmenschen.

Es braucht Zeit, Kraft und Mut, um schwere Dinge zu lösen. Wenn ich verbraucht bin, reichen weder Zeit, Kraft noch Mut.

»Das mach' ich später, das kann noch warten«, antworte ich; ein Versuch, die schwierigen Aufgaben vor mir herzuschieben und sie noch einen Augenblick von mir fernzuhalten. Damit ich den Kopf noch etwas über Wasser halten kann.

Wenn ich unter Druck stehe, können schwierige Aufgaben auf Widerwillen stoßen. Vieles kann jedoch auf die Dauer einfacher werden, wenn ich es sofort in Angriff nehme. Wenn wir ausdrücken können, was wir fühlen und was wir meinen, und wenn wir unser Bild von den Geschehnissen vermitteln können, haben wir auch die Möglichkeit, einander näher zu kommen. Konfrontieren heißt Veränderungswünsche zum Ausdruck bringen. Sich von Angesicht zu Angesicht gegenüberzustehen setzt Vertrauen voraus. Vertrauen lässt sich nicht fordern. Im ersten Augenblick kostet es Überwindung. Vertrauen kann wachsen, wenn die Partner es wagen, ehrlich zu sein.

Vertrauen öffnet Türen – vielleicht in den verborgenen Raum. Wenn wir uns dem öffnen, was wir ausgeschlossen haben, öffnen sich unsere Augen und wir können weitergehen. Zwei sind notwendig, um einen zu sehen. Zusammen mit anderen sehe ich mich selbst.

Es ist schwer, Grenzen zu setzen, damit die Kraft ausreicht. Es ist schwer, Grenzen zu akzeptieren. Trotzdem muss ich Grenzen setzen und akzeptieren, dass es Grenzen gibt. Grenzen geben Geborgenheit, verursachen aber auch Frustration. Es ist normal, dass das Leben begrenzt ist. Ich muss lernen, damit zu leben, um Kraft zum Leben zu haben und die Möglichkeiten zu sehen, die mein Leben birgt.

Ich bin Teil eines Ganzen, ebenso wie alle anderen Menschen. Mein Tun hat Konsequenzen, sowohl für mich selbst als auch für andere. Ich setze Prozesse in Gang. Ich bin verantwortlich für das, was ich tue, und ebenso auch für das, was ich nicht tue.

Es kann mehr oder weniger akzeptiert werden, sich auf die eine oder andere Weise zu verhalten. Manchmal scheint es, dass Frauen alle Gefühle zeigen dürfen, mit Ausnahme von Aggressivität, während man von Männern erwartet, dass sie keine Tränen fließen lassen, selbst dann nicht, wenn sie traurig sind. Wer aber entscheidet darüber, wie ich agiere und reagiere – andere oder ich selbst?

Es zu wagen, Grenzen zu setzen, und zu lernen, Grenzen zu akzeptieren, erfordert Übung. Manchmal kann es hilfreich sein, nicht sofort Bescheid geben zu müssen, sich zurückziehen zu können, um Zeit zum Nachdenken zu gewinnen.

Ich muss mich sowohl in Flexibilität als auch in Konzentration üben. Meine Einstellung gegenüber meinen Mitmenschen hat Einfluss darauf, wie sich das Leben um mich herum gestaltet. Gehe ich beispielsweise bei der Beurteilung meiner Kollegen und Kolleginnen von Risiken oder von Potenzialen aus? Sehe ich die Menschen in meiner Nähe als Bedrohung oder als Möglichkeit? Wenn ich Verhaltensweisen ändern will, darf ich nicht vergessen, dass es einfacher ist, gute Eigenschaften zu verstärken, als schlechte auszumerzen.

Was delegieren andere an mich? Kann und sollte ich ja sagen? Wenn ich ja sage, werden mir dann auch die Mittel zur Verfügung gestellt, die ich benötige, um die Aufgabe auszuführen? Was kann und sollte ich abgeben? Die Rechnung geht nicht auf, wenn ich nur mehr und mehr auf mich nehme, ohne auch etwas abzugeben.

Wie sieht mein täglicher Rhythmus von Anspannung und Ruhe aus? Für viele unter uns beginnt der Stress mit der Morgentoilette und nimmt dann stetig zu, bis wir uns abends schlafen legen. Kein Wunder, dass es dann schwierig ist, zur Ruhe zu kommen. Über Kinder sagen wir manchmal, dass der »Schlafzug abgefahren ist«, wenn wir verpassen, sie zur gewohnten Zeit ins Bett zu bringen. Die Müdigkeit geht vorüber und die Kinder kommen wieder auf Touren. Wenn ich mich ständig abhetze und mich mehr und mehr unter Druck setze, verpasse ich abends den Schlafzug. Ich muss mir selbst eine Chance geben, mich zu entspannen.

Wie sehen meine Vorbilder aus? Zu wem sehe ich auf, wen sehe ich vor mir? Wer spornt mich an und inspiriert mich? Meine Vorbilder können mir helfen, wenn ich an ihnen Züge sehe, die für mich realistisch und möglich sind. Ansonsten werden sie nur zu Idolen. Ein echtes Vorbild ist jemand, den ich sehen kann und von dem ich inspiriert werde, aber auch jemand, der mir Vertrauen und Liebe entgegenbringt. Von einem liebevollen Blick gesehen zu werden, gibt mir Kraft zu leben.

Werde ich gesehen und in meinem Tun bestätigt, werden Kräfte in mir freigesetzt. Bestätigen ist nicht dasselbe wie zustimmen. Es handelt sich eher um aktives Betrachten und wirkliches Zuhören. Ich brauche nicht Bedauern, sondern Zuwendung – von jemandem, der für mich dadurch zum Hoffnungsträger wird.

Eine angemessene Portion Stress spornt mich an, zu viel Stress über zu lange Zeit zermürbt. Stress blockiert meinen Verstand. Wenn mich zu viele Drohungen stressen, erwacht meine Angst. Wenn mich zu große Verantwortung stresst, erwacht meine Schuld. Wenn mich zu viele Verluste stressen, erwacht meine Trauer. Ich muss die Möglichkeit haben, mein Leben zu sortieren, um weiterzukommen. Vom kochenden Gehirn zu den Gefühlen im Magen zu gelangen, erfordert Zeit und Mut. Ich brauche jemanden, der mit mir geht und mir die Richtung weist. Ich brauche Hilfe, das zu gebären, was ich in mir trage.

Eine gute Hebamme weicht nicht von der Seite der Gebärenden

und atmet im selben Rhythmus wie sie. Mit ihrer Berufserfahrung kann sie bestätigen, dass die Geburt verläuft, wie es zu erwarten ist. Sie vermittelt Hoffnung und zeigt, dass es einen Weg gibt. Jetzt ist es schmerzhaft, jetzt erscheint es hoffnungslos, nur ruhig atmen und keine Angst haben, oder vielmehr die Angst zulassen. Fühlen, was man fühlt. Das ist gut. Ich bin da. Es ist ganz normal, sich so zu fühlen. Sie sind nicht allein. Hier haben schon viele Frauen ein Kind zur Welt gebracht. Ich bin da. Sie erledigen die Arbeit. Alles geht gut.

So wird Leben geboren und ich befinde mich auf eine andere Weise im Grenzbereich, auf der anderen Seite, und ich erahne die göttliche Grenzenlosigkeit, aus der immer wieder neue Möglichkeiten erstehen.

Ratschläge zum liebevollen Umgang mit sich selbst

Dies ist ein Rezept mit einfachen Ratschlägen, wie man sich selbst etwas Gutes tun kann. Die Zutaten können ausgetauscht und in beliebiger Reihenfolge gebraucht werden. Sie sollten nach eigenem Bedarf gemischt werden.

- Sorge dafür, dass du Zeit für die Dinge hast, die dir Freude machen.
- Nimm ein warmes Schaumbad, bade im Whirlpool oder schwimm im Meer.
- Iss regelmäßig, gut und gesund.
- Gehe spazieren, laufe oder fahre mit dem Fahrrad.
- Hör deine Lieblingsmusik, entweder zu Hause auf CD oder Schallplatte, oder besuche ein Konzert.
- Nimm dir Zeit zur Stille.
- Gehe langsam.
- Male ein Bild.
- Zünde eine Kerze an, in der Kirche oder auf dem Küchentisch.
- Lies alles, was dich interessiert.

- Schreib einen Brief oder ein Gedicht.
- Triff dich mit deinen Freunden.
- Erledige eine Aufgabe nach der anderen und schließe sie ab.
- Gehe ins Kino, Theater, Café oder schau dir ein Fußballspiel an.
- Nimm dir Zeit nachzudenken.
- Nähe, stricke oder sticke.
- Mache ausfindig, worin du gut bist.
- Genieße die Natur.
- Spiele, tanze und singe.

Als es am schlimmsten war

Es ist Abend und wie gewöhnlich gehen wir viel zu spät zu Bett. Wie gewöhnlich wird das Gespräch gerade in einem solchen Augenblick tief und intensiv. Mein Mann, die Kinder und ich sprechen über die Einsamkeit in schweren Stunden und darüber, wie das während meiner Energieverlustreise war. Mein Mann fragt:

»Hast du dich verlassen gefühlt?«

Ich überlege eine Weile.

»Es gibt zwei Wörter – allein sein und einsam sein. Ich bin nicht allein gewesen. Ich habe euch immer an meiner Seite gespürt, mit Trost und Unterstützung. Aber ich bin häufig einsam gewesen. Obwohl ihr da wart, war ich der einsamste Mensch auf der ganzen Welt«, antworte ich.

Wir sprechen darüber, wie diese Jahre für jeden von uns gewesen sind, und ich frage die Kinder:

»Wie war es, als es am schlimmsten war?«

Die Tochter spricht über den Geruch von Schlaftee und Tabletten aus dem Reformhaus.

»Nicht Tee und Tabletten an sich, sondern die eigene Mutter so elend zu sehen.« Sie sucht nach Worten und plötzlich bricht es aus ihr heraus:

»Der ganze Mist stank!«

Der Sohn spricht darüber, dass ich von einem Augenblick zum anderen, ohne Vorwarnung, in Wut geraten konnte, weil sie nicht aufgeräumt hatten oder etwas in der Art. Manchmal wussten sie nicht einmal, warum ich wütend wurde. Dann wieder brach ich in Tränen aus. Ich legte mich aufs Bett und sie trösteten mich. Er fasst zusammen:

»Du konntest wegen jeder Kleinigkeit wütend werden und wegen nichts weinen.«

»Ja«, sagt die Schwester, »dann hatte man das Gefühl, etwas falsch gemacht zu haben. Aber nach solchen Ausbrüchen und nachdem du dich eine Weile auf dem Bett ausgeruht hattest, hast du es immer irgendwie gemütlich für uns gemacht und dann war alles wieder in Ordnung.«

Der Sohn erzählt:

»Ich kann mich noch daran erinnern, dass du dich immer irgendwo hingelegt hast, aufs Sofa, aufs Bett, auf den Boden. Einmal waren wir in der Küche und du hast gekocht. Plötzlich hast du dich einfach auf den Küchenboden gelegt. Daran kann ich mich noch besonders gut erinnern. Ich habe mir nichts weiter dabei gedacht, denn das passierte ja öfter, aber mein Freund machte große Augen.«

Ich dachte, sie würden sich an anderes erinnern.

»Mir ist noch besonders gut in Erinnerung, dass ich oft Kopfschmerzen hatte und die Familie vom Bett aus versorgte«, sage ich.

»Das war nicht so schlimm«, sagt der Sohn.

»Nein, das fand ich auch nicht so schlimm«, fügt die Tochter hinzu. »Es war ganz gemütlich, sich neben dich aufs Bett zu legen und mit dir zu reden oder neben dem Bett die Hausaufgaben zu machen.«

Wie verschieden unsere Erinnerungen doch sind.

Normal

Es ist normal, dass das Leben begrenzt ist.

Das ist ein Satz, den ich viele Male buchstabiert habe. Aus irgendeinem Grunde ist es einfacher zu sagen, dass es unnormal ist, dass das Leben begrenzt ist. Wenn wir Verluste verschiedener Art erleiden, können wir uns erstaunt fragen: »Weshalb passiert das ausgerechnet mir?« Es ist ein großer Unterschied, ob etwas passiert oder ob es mir passiert.

Es gibt Dinge, über die wir mit vielen reden, und es gibt Dinge, über die wir nur mit wenigen sprechen. Es gibt Dinge, die wir für uns behalten. Allen alles mitzuteilen ist für niemanden gut. Wenn wir aus unserem tiefsten Inneren schöpfen, zeigen wir unsere Verletzlichkeit am deutlichsten. Deshalb ist es wichtig, gut zu überlegen, *wem* wir *was* sagen. Ich denke jedoch, dass wir mehr von uns mitteilen könnten. Es gehört zum Leben, sich gelegentlich zu fragen: »Bin ich normal? Ist das normal?« Wenn ich im Leben schwere Zeiten durchmache, kann es nützlich sein, mir selbst zu sagen:

»Es ist normal, dass das Leben begrenzt ist.«

Das Leben ist begrenzt. Wenn wir mit Schrecken auf die Geschehnisse reagieren und uns dagegen sträuben, weil wir wollen, dass das Leben wie immer weitergehen soll, können wir das Schwere nicht hinter uns bringen. Das normale Leben, das alltägliche Leben hat immer auch dunkle Seiten. Ebenso gibt es immer Licht, auch wenn es uns manchmal schwach erscheint. Vielleicht kann ich noch nicht einmal einen verkümmerten Docht erahnen. Dann müssen andere meine Hoffnungsträger sein.

Wenn ich akzeptieren kann, dass die Begrenzungen meines Lebens ganz normal sind, kann ich ahnen, dass es in der Begrenzung auch Öffnungen gibt. Heute spricht man gern von Erfolg und Gesundheit. Wir müssen auch über Trauer, Rückschläge und Überforderung sprechen können, wenn wir das Leben realistisch sehen möchten. Wir müssen uns nicht im Dunkeln vergraben und uns daran festklammern. Ebenso wenig sollten wir so tun, als gäbe es diese Seiten des Lebens nicht.

Wenn wir es wagen, das Schwere beim Namen zu nennen, geschieht auch etwas mit uns. Ich wünschte, wir wagten es, Freuden und Sorgen mehr mit anderen zu teilen. Teilen bereichert das Leben.

Ich sehe mein Leben wie einen flämischen Teppich. Der Wandbehang wird mit der Bildseite nach unten gewebt. Ein Faden nach dem anderen wird eingeschossen. Sehe ich die hellen Einschläge, werde ich munter und von Freude erfüllt. Wenn die dunklen kommen, sehe ich auf das Gewebe hinunter und frage mich, wozu sie gut sind. Die ganze Zeit befindet sich das Muster auf der Unterseite. Ich sehe nur die verschiedenen Fäden.

Schließlich wende ich das Gewebe und das gesamte Muster kommt zum Vorschein. Erst jetzt sehe ich, dass die hellen Einschläge dem Bild Räumlichkeit verleihen und dass die dunklen notwendig sind, um ihm Tiefe zu geben. Ich möchte lernen, die Möglichkeiten zu sehen, die die Begrenzungen bieten, nicht nur die Bedrohung, die von ihnen ausgeht. Ich möchte auch lernen, damit zu leben, dass es normal ist, dass das Leben begrenzt ist.

Was habe ich durch meine Erschöpfungsdepression gelernt?

Vielleicht, dass ich die Fähigkeiten sehen muss, die mir eigen sind, und dass ich meine Gaben verwalten und mit anderen zusammen gebrauchen muss. Der Zufluss an Energie variiert im Laufe des Lebens. Ich darf meine Vorräte nicht ganz verbrauchen, sondern muss mir die Zeit nehmen, die Zuflüsse ausfindig zu machen. Ich muss Zeit für die Regeneration einräumen, damit meine Reserven wieder aufgefüllt werden.

Wenn man in sich hineinlauscht, kann man neue Quellen entdecken. Aus dem Schweren können Möglichkeiten erwachsen, wenn ich es wage, ihm zu begegnen, und es schaffe, mich hindurchzuarbeiten, getragen von anderen, die für mich hoffen. Die schwersten Stunden möchte ich nicht noch einmal erleben. Dennoch habe ich gerade durch das Schwere am meisten gelernt, und es hat mir für die Begegnung mit anderen am meisten gegeben.

Ich bin

Unser Dasein wird ständig verändert,
siehe, Christus erneuert alles.
Die vergangene Zeit lassen wir hinter uns
und begegnen dem Tag in der Morgendämmerung.
Gestern, heute und morgen
ist Gott derjenige, der sagt: »Ich bin.«

Die Erlebnisse der vergangenen Jahre
können eingeordnet werden
und Erfahrungen keimen,
so dass wir verstehen, dass unser Wissen
uns helfen kann, im Glauben zu wachsen.
Gestern, heute und morgen
ist Gott derjenige, der sagt: »Ich bin.«

Unsere Zeit auf Erden ist begrenzt,
um die Klarsicht des Geistes bitten wir,
so dass wir ein Werkzeug sein können
im Kampf um das Leben, das du gibst.
Gestern, heute und morgen
ist Gott derjenige, der sagt: »Ich bin.«

Gott, gib uns Mut zur Veränderung,
wir warten wie unbeschriebene Blätter.
Der morgige Tag ist noch unbekannt,
aber er weist auf deine ewige Stadt.
Gestern, heute und morgen
ist Gott derjenige, der sagt: »Ich bin.«

Das Licht des Leibes

In wenigen Minuten muss ich gehen. Ich habe ja gesagt. Ich habe versprochen zu kommen. Jetzt ist mein Ja unwiderruflich. Die Leute warten bereits auf mich.

Meist fühle ich mich wieder ziemlich gesund, aber wenn ich vor einer Herausforderung stehe, werde ich wieder daran erinnert, wie empfindlich der Schorf auf meinen Wunden ist. Er hält keinen großen Belastungen stand. Ich mache mir alle Erfahrungen zunutze, die ich auf meiner Reise gesammelt habe. Ein Unterschied ist, dass Körper und Seele jetzt nicht mehr so stark zu reagieren brauchen, denn ich habe mein Leben grundlegend geändert.

Ich denke, dass die Signale meines Körpers früher so stark waren, weil ich sie ignorierte. Jetzt weiß ich, dass ich sie respektieren muss.

Was ich mir heute vorgenommen habe, gehört zu den Ausnahmen. Ich muss es nicht ständig aushalten. Es genügt, dass ich es jetzt aushalte, denke ich und spüre die Erleichterung.

Ich mache mich frühzeitig fertig. Ich habe gelernt, dass der Stress sich wie zähflüssiger Sirup über mich legt, wenn er erst einmal kommt. Alles geht langsam: das Anziehen, das Essen, das Denken. Habe ich aber genügend Zeit, geht es ganz gut.

Ich kämpfe jetzt meistens gegen die Unruhe vor der Unruhe. Ist die Angst im Kommen oder ist es nur die Unruhe vor der Angst, die ich fühle? Es gab Zeiten, in denen ich diese Aufgaben mit links erledigte. Ich meine nicht, dass ich nachlässig war, denn ich habe mich immer sorgfältig vorbereitet. Mein Gefühl sagte mir damals aber, dass ich die Aufgaben mit Leichtigkeit erledigen würde. Dadurch konnte ich meine Kraft auf die Aufgaben selbst richten. Später habe ich dann die Kräfte dafür einsetzen müssen, meine Unruhe und meine Gefühle von Unzulänglichkeit zu bekämpfen. Damit habe ich mir in gewisser Weise selbst im Wege gestanden, obwohl ich eigentlich bereit war, die Aufgaben in Angriff zu nehmen. Dies ist mir bewusst und ich leide darunter. Trotzdem ist es so schwer, etwas dagegen zu tun. Vom Kopf her ist es mir klar, aber die Gefühle im Bauch sind stärker.

Dieses Mal ist die Vorbereitungszeit gut gelaufen. Ich habe akzeptiert, dass ich mich so vorbereiten muss, als wäre ich ein Neuling auf meinem Gebiet. Das stört mich, aber ich muss akzeptieren, dass es so ist.

Ich versuche mich so gut wie möglich vorzubereiten, bereits am Tag zuvor, und mich die Stunden vorher nicht von anderen Dingen ablenken zu lassen. Ich sorge dafür, dass es zwischen der Vorbereitung und der Durchführung Zeit zum Essen und für einen Spaziergang gibt.

Gleich muss ich gehen. Ich sehne mich danach, mit leichten Schritten losgehen und diese Haut des Dunkels über mir ablegen zu können. Ich möchte mich nicht durch die Finsternis hinunterziehen, sondern von der Helligkeit erfüllen lassen. Ich ergreife die Bibel auf meinem Nachttisch. Kann ich dort tröstende Worte finden?

Ich halte nichts davon, die Bibel aufs Geratewohl aufzuschlagen, den Finger auf eine Textstelle zu legen und zu lesen. Man muss die Bibelworte in ihrem Zusammenhang lesen. Aber ich blättere trotzdem und bitte Gott, mir Kraft zu geben. Ich lese im Matthäusevangelium. Der Text hat die Überschrift *Das Licht des Leibes* und ich lese:

Das Auge ist das Licht des Leibes. Wenn dein Auge lauter ist, so wird dein ganzer Leib licht sein. Wenn aber dein Auge böse ist, so wird dein ganzer Leib finster sein. Wenn nun das Licht, das in dir ist, Finsternis ist, wie groß wird dann die Finsternis sein! (Matthäus 6,22)

Dieses Wort spricht mich an. Es ist an mich gerichtet. Genauso empfinde ich, sage ich zu mir selbst und atme tief.

Mein Auge ist verdorben. Die Unruhe schränkt meine Sicht ein und verzerrt den Blickwinkel. Ich weiß, dass das Trübe das Licht daran hindert, dass es ein Kampf zwischen Licht und Dunkel ist, zwischen der Kraft, die abbauen will, und der, die aufbauen will.

Dieser Kampf findet gerade in mir statt. Es ist kein mitreißender Videofilm, den ich mir ansehe, sondern ein Drama, das sich hier und jetzt abspielt, in der Wirklichkeit, in mir.

Ich wage die Worte, die ich lese, nicht richtig anzunehmen. Sie sind so treffend, dass ich staune. In meiner Bibel stecken mehrere Lesezeichen. Eines der Lesezeichen markiert eine Stelle im Lukasevangelium. Ich lese auf der aufgeschlagenen Seite. Merkwürdig! Das ist genau der gleiche Text, den ich eben im Matthäusevangelium gelesen habe, nur dass es jetzt Lukas' Worte sind:

Niemand zündet ein Licht an und setzt es in einen Winkel, auch nicht unter einen Scheffel, sondern auf den Leuchter, damit, wer hineingeht, das Licht sehe. Dein Auge ist das Licht des Leibes. Wenn nun dein Auge lauter ist, so ist dein ganzer Leib licht; wenn es aber böse ist, so ist auch dein Leib finster. So schaue darauf, dass nicht das Licht in dir Finsternis sei. Wenn nun dein Leib ganz licht ist und kein Teil an ihm finster ist, dann wird er ganz licht sein, wie wenn dich das Licht erleuchtet mit hellem Schein. (Lukas 11,33-36)

Ich fühle mich ruhig und gleichzeitig erfüllt. Das Licht in mir darf nicht finster werden. Die Flamme muss klar leuchten, zumindest glühen. Ich habe mich brennend für meine Aufgaben eingesetzt. Eine Kerzenflamme erstickt, wenn ihr der Sauerstoff fehlt. Ich möchte leuchten, das Licht in mir soll hell sein und nicht getrübt werden. Wenn ich mich zu sehr der Grenze meiner Möglichkeiten nähere, wenn das Gleichgewicht zwischen dem, was ich will, und dem, was ich schaffe, gestört ist, hat die Finsternis überhand genommen. Mit meiner Genesung kehrt auch das Licht wieder zurück. Ich habe gebrannt, ich bin ausgebrannt, doch ich ahne, dass ich neues Feuer entfachen kann.

Wenn ich mich anstrenge, werde ich daran erinnert, welch einen Kampf ich ausgestanden habe. Ich werde heute diese Aufgabe ausführen. Das schaffe ich, aber das Licht meines Leibes flackert, damit ich verstehe, dass ich noch nicht ganz gesund bin. Es braucht Zeit, zurückzufinden. Der Kampf hat Spuren hinterlassen.

Heute schaffe ich es, wenn ich anschließend ruhen kann und nicht mehr auf mich nehme als meine Kraft zulässt.

Ich schlage die Bibel zu und lege sie auf den Nachttisch, rücke meinen Rock zurecht, gehe in die Diele und ziehe meinen Mantel an. Jetzt kann ich mich unverzagt auf den Weg begeben.

Nur sein

Gott, der du selbst Beziehung bist:
Gib mir Feinfühligkeit gegenüber anderen,
ohne dass ich mich selbst vergesse.

Gib mir Offenheit,
auch wenn ich manchmal verletzt werde.
Lehre mich, mich auf das einzulassen,
was andere mir mitteilen,
ohne deren Verantwortung zu übernehmen.
Übergib mir die Verantwortung für mein Leben.
Gib mir den Mut, meine Grenzen zu setzen,
und das Einfühlungsvermögen, zu spüren,
wo die der anderen liegen.

Hilf mir, im Vertrauen zu ruhen,
ohne Bitterkeit über das Vergangene
oder Unruhe vor dem morgigen Tag.

Gott, in deine Hände übergebe ich
alles, was mich hindert
in der Gegenwart zu leben.
Flüstere das Wunder der Vergebung in mein Ohr,
damit ich die Kraft habe, nur zu sein.